JN079696

金融商品取引法制の
近時の展開（下）

金融商品取引法研究会　編

公益財団法人　日本証券経済研究所

は　し　が　き

　平成18年の証券取引法改正によって成立した金融商品取引法は，ほぼ毎年改正されている。このことは，資本市場の環境が変化したり，資本市場に参加するプレーヤーのビジネスモデルや取り扱う金融商品等が変化したりすることにより，避けることのできないことであると考えられる。金融商品取引法制に関わる新たな課題や解明を待たれる問題は，恒常的に生じていると言えよう。

　金融商品取引法研究会では，金融商品取引法を中心に，資金決済法や会社法一般もカバーする形で，金融商品取引法制に関連する新たな課題や未解明の問題を取り上げ，幅広く研究してきた。

　本書は，平成29年12月に開催された第1回研究会から令和3年9月に開催された全18回の研究会のうち，後半に取り扱われた5つのテーマについて，報告者が研究会での議論を踏まえ執筆した研究論文を収録し，「金融商品取引法制の近時の展開（下）」として刊行するものである。具体的には，投資助言業に関する規制，インサイダー取引，暗号資産規制および株式交付制度の課題について取り扱った5本の論攷を掲載する。研究会には，金融庁の担当部局者のほか，実務家の方々にもオブザーバーとしてご参加いただき，様々な示唆をいただいた。この場を借りて厚く御礼申し上げる。

　なお，金融商品取引法研究会は，新たな構成メンバーの下で活動を再開しており，令和5年9月に開催された第1回研究会から現在まで6回の研究会を開催している。

　本書が，日本の金融商品取引法制さらには日本の資本市場の発展のために，理論面からも実務面からも多少なりとも貢献することができるならば，望外の幸せである。

2

令和6年5月

金融商品取引法研究会

会長　神作　裕之

（学習院大学）

金融商品取引法研究会名簿

（令和3年9月7日現在）

会　　　長	神　作　裕　之	東京大学大学院法学政治学研究科教授
会長代理	弥　永　真　生	明治大学専門職大学院会計専門職研究科専任教授
委　　員	飯　田　秀　総	東京大学大学院法学政治学研究科准教授
〃	大　崎　貞　和	野村総合研究所未来創発センター主席研究員
〃	尾　崎　悠　一	東京都立大学大学院法学政治学研究科教授
〃	加　藤　貴　仁	東京大学大学院法学政治学研究科教授
〃	河　村　賢　治	立教大学大学院法務研究科教授
〃	小　出　　　篤	学習院大学法学部教授
〃	後　藤　　　元	東京大学大学院法学政治学研究科教授
〃	武　井　一　浩	西村あさひ法律事務所パートナー弁護士
〃	中　東　正　文	名古屋大学大学院法学研究科教授
〃	藤　田　友　敬	東京大学大学院法学政治学研究科教授
〃	松　井　智　予	東京大学大学院法学政治学研究科教授
〃	松　井　秀　征	立教大学法学部教授
〃	松　尾　健　一	大阪大学大学院高等司法研究科教授
〃	松　尾　直　彦	松尾国際法律事務所弁護士
〃	宮　下　　　央	TMI総合法律事務所弁護士

4

オブザーバー	三 井 秀 範	預金保険機構理事長
〃	島 崎 征 夫	金融庁企画市場局市場課長
〃	大 津 英 嗣	野村ホールディングスグループ法務部長
〃	森 忠 之	大和証券グループ本社経営企画部担当部長兼法務課長
〃	森 正 孝	SMBC日興証券法務部長
〃	田 中 秀 樹	みずほ証券法務部長
〃	窪 久 子	三菱UFJモルガン・スタンレー証券法務部長
〃	島 村 昌 征	日本証券業協会常務執行役政策本部共同本部長
〃	松 本 昌 男	日本証券業協会自主規制本部長
〃	横 田 裕	日本証券業協会自主規制本部自主規制企画部長
〃	塚 﨑 由 寛	日本取引所グループ総務部法務グループ課長
研 究 所	増 井 喜一郎	日本証券経済研究所理事長
〃	髙 木 隆	日本証券経済研究所常務理事
〃（幹事）	石 川 真 衣	日本証券経済研究所研究員

（敬称略）

金融商品取引法研究会名簿

（令和6年4月24日現在）

会　長	神　作　裕　之	学習院大学法学部教授
委　員	飯　田　秀　総	東京大学大学院法学政治学研究科准教授
〃	大　崎　貞　和	野村総合研究所未来創発センター主席研究員
〃	尾　崎　悠　一	東京都立大学大学院法学政治学研究科教授
〃	加　藤　貴　仁	東京大学大学院法学政治学研究科教授
〃	河　村　賢　治	立教大学法学部教授
〃	小　出　　　篤	早稲田大学法学部教授
〃	後　藤　　　元	東京大学大学院法学政治学研究科教授
〃	齊　藤　真　紀	京都大学法学研究科教授
〃	武　井　一　浩	西村あさひ法律事務所パートナー弁護士
〃	中　東　正　文	名古屋大学大学院法学研究科教授
〃	松　井　智　予	東京大学大学院法学政治学研究科教授
〃	松　井　秀　征	立教大学法学部教授
〃	松　尾　健　一	大阪大学大学院高等司法研究科教授
〃	松　元　暢　子	慶應義塾大学法学部教授
〃	萬　澤　陽　子	筑波大学ビジネスサイエンス系准教授
〃	宮　下　　　央	TMI総合法律事務所弁護士
〃	行　岡　睦　彦	神戸大学大学院法学研究科准教授
オブザーバー	三　井　秀　範	預金保険機構理事長
〃	齊　藤　将　彦	金融庁企画市場局市場課長
〃	坂　本　岳　士	野村證券法務部長
〃	三　宅　ヨシテル	大和証券グループ本社経営企画部担当部長兼法務課長

6

〃	本 多 郁 子	SMBC日興証券法務部長
〃	安 藤 崇 明	みずほ証券法務部長
〃	窪 　 久 子	三菱UFJモルガン・スタンレー証券法務部長
〃	松 本 昌 男	日本証券業協会常務執行役自主規制本部長
〃	森 本 健 一	日本証券業協会政策本部共同本部長
〃	横 田 　 裕	日本証券業協会自主規制企画部長
〃	塚 﨑 由 寛	日本取引所グループ総務部法務グループ課長
研 究 所	森 本 　 学	日本証券経済研究所理事長
〃	髙 木 　 隆	日本証券経済研究所常務理事
〃（幹事）	高 逸 　 薫	日本証券経済研究所研究員
〃（幹事）	永 田 裕 貴	日本証券業協会規律本部規律審査部課長

（敬称略）

目　　次

投資助言業に係る規制のあり方
―米国法・ドイツ法との比較―

神　作　裕　之

I　　はじめに

　本章では，金融商品の投資に際しては投資者とりわけ一般投資者に適切な助言がなされることが重要かつ有用であるという認識に基づいて，投資助言の定義規定を中心に投資助言業に係る規制のあり方について立法論的な検討を行う。投資者とりわけ一般投資者の金融リテラシーの向上や，金融事業者が顧客本位の業務運営に関する原則に従って顧客の最善の利益を図るべく業務を遂行することと相まって，投資助言はその効用をさらに高めることになろう。

　証券会社や証券仲介業者の中に，従来型の個別の売買ごとに徴収する手数料にかえて，預かり資産の残高に応じて手数料を徴収する動きが生じている。米国では，一般に，個々の取引ごとにコミッションを課す方式が通常の証券業務に係る対価の徴収方法であるのに対して，資産残高に応じて手数料を徴収する方式は，投資顧問業に係る対価の一般的な徴収方法であるといわれてきた。

　日本においても，証券会社や証券仲介業者が，預かり資産の残高に応じて手数料を徴収する動きや残高に応じた手数料の徴収を強化する傾向が生じている[1]。このような対価の徴収方法が定着してくると，有価証券の売買等に伴って投資助言ないしそれに類した行為がなされたときは，支払われた手数料は助言に対する報酬の支払であると認められ，投資助言業に該当するので

はないかという疑問が生じる。日本法の下では，米国法と同様に助言に対し対価の支払いを約することが投資助言業の要件とされているため，有償性が認められなければ投資助言業には該当しないことになるのに対し，有償性が認められれば投資助言業に該当し得るからである。コミッション・ベースではなく資産残高ベースで手数料を徴収する場合には，投資助言業への該当性がより問題になる。このような場合には，投資助言業務と有価証券の売買・媒介等に係る金融商品取引業務との境界を手数料の徴収方法によって区別することは困難になり，投資助言と有価証券の売買・媒介等との境界について再考する必要が生じるであろう。他方で，監督法上の義務の内容という観点から見ると，投資助言業者には忠実義務・注意義務が課されているのに対し，有価証券の売買・媒介等に係る金融商品取引業者には忠実義務は課されていない。もっとも，有価証券の売買・媒介等を業とする金融商品取引業者は，すでに誠実公正義務を課されているほか，説明義務や適合性原則の適用も受ける。

　本章では，投資助言業務と有価証券の売買・媒介等に係る金融商品取引業務の境界を意識しつつ，投資助言業をどのように定義し，投資助言業に対しどのような監督法上の規制をするべきかについて，米国法とドイツ法を参考に若干の検討を行う。始めに日本における投資助言業規制の概要を述べる（Ⅱ）。つづいて，米国法を紹介する（Ⅲ）。米国法を扱うのは，日本法における投資助言業の定義は，米国法の定義に近いというだけではなく，投資助言業の分野で世界の最先端を走っている米国における規制の動向は参考になるからである。次に，ドイツ法を紹介する（Ⅳ）。ドイツ法の下では，投資助言業の定義に投資助言に対する報酬の支払約束は含まれていない。このよ

1）野村證券株式会社「野村のレベルフィー（残高手数料契約）の取扱いを開始」（2022年4月1日）（https://www.nomuraholdings.com/jp/news/nr/nsc/20220401/20220401_a.html）。大和証券株式会社は，2023年度の経営達成数値目標（KPI）として，リーテール部門の残高ベース収益比率を50％以上にすることを掲げている（鈴木直樹「大和証券グループの経営戦略」（2023年2月）9頁（https://daiwair.webcdn.stream.ne.jp/www11/daiwair/qlviewer/pdf/2302288601bxe5cfw0.pdf））。

うな法制の下では，投資助言と有価証券の売買・媒介等との境界は，手数料以外の徴憑に着目して線引きされることになる。対価の徴収を要件とせず，日本より投資助言業を広く定義しているドイツ法の下で，投資助言業者に対し，どのような監督法上の規制とりわけ行為規制が課されているのか興味深い。最後に，米国法とドイツ法から得られる日本法に対する示唆と日本法における課題について述べる（V）。

Ⅱ　日本法

1．定義

金融商品取引法（以下「金商法」という）において，投資助言業は，「投資者の一方が相手方に対して，有価証券の価値等に関し，口頭，文書，その他の方法により助言を行うことを約し，相手方がそれに対し報酬を支払うことを約する投資顧問契約を締結し，当該契約に基づいて助言を行うことを業として行うこと（金商法28条3項1号・2条8項11号）」と定義されている。投資助言業に該当するためには，①有価証券の価値等に関する助言を業として行うこと，および②助言に対する報酬の支払いを約することが必要である。

2．業法上の規制

金商法において，投資助言業に対して，次に述べる業規制が課されている。

第1に，金融商品取引業者とその役員・使用人に対して課されている誠実公正義務（金融サービスの提供及び利用環境の整備等に関する法律2条1項・2項2号）[2]は，金融商品取引業者である投資助言業者にも当然適用される[3]。

第2に，投資助言業者には誠実公正義務に加えて忠実義務および善管注意義務が課されている（金商法41条1項・2項）。信認的関係を基礎とする投

資助言業に英米法における忠実義務を導入したものと説明される[4]。なお，民事法上，投資顧問契約は準委任契約もしくはそれに類した契約であるから，投資助言業者は顧客に対し善管注意義務を負っており，善管注意義務には忠実義務も含まれるというのが一般的な理解であると思われる[5]。この点において，日本法の下における投資助言業者は，米国法におけるフィデューシャリーに近いといえよう[6]。

　第3に，投資助言業者には金融商品取引業者に対し一般的に課される行為規制が適用される。すなわち，業務管理体制の整備義務（金商法35条の3），情報提供義務（同法37条の3等），および適合性の原則（同法41条1号）などの規定が適用される[7]。この点においては，投資助言業者と有価証券の売

2）誠実公正義務は，高度の誠実性と顧客の公正・公平な取扱いを求める一般規定であり，行政規制上の法的義務であるためその違反は法令違反になるとともに，実務的には具体的な行為規制を解釈する際のプリンシプルまたは具体的な行為規制を補完する機能を有するものと説明される（松尾直彦『金融商品取引法〔第6版〕』（商事法務，2022年）436頁）。

3）金融サービスの提供等に係る業務を行う者等に対し，顧客等の最善の利益を勘案しつつ，顧客等に対して誠実かつ公正にその業務を遂行しなければならない義務が横断的に定められた。すなわち，第212回国会で成立した金融商品取引法等の一部を改正する法律（2023年3月14日提出）3条において，金融サービスの提供及び利用環境の整備に関する法律〔同法2条により金融サービスの提供に関する法律から題名変更〕2条が改正され，金融事業者や企業年金などの資産運用に関与する者に対し，横断的に，顧客の最善の利益を図る義務が定められた。これに伴い金融商品取引業者等の誠実公正義務を定める金商法36条1項は削除された。これは，「顧客本位の業務運営に関する原則」に定められている，金融事業者は顧客に対して誠実・公正に業務を行い，顧客の最善の利益を図るべきであるという規範を広く金融事業者一般に共通する義務として定めること，さらに，金融事業者のほか，企業年金制度等の運営に携わる者等も対象に加えることにより，広くインベストメント・チェーンに関わる者を対象として，顧客・最終受益者の最善の利益を考えた業務運営に向けた取組みの一層の横断化を図ることを提言した金融審議会市場制度ワーキンググループ顧客本位タスクフォースの中間報告を受けたものである（同「中間報告（2022年12月9日）」2-3頁（https://www.fsa.go.jp/singi/singi_kinyu/tosin/20221209/01.pdf））。この改正により，顧客の最善の利益を図る義務が金融事業者一般に課されることになった。本稿との関係で言えば，有価証券の売買やその媒介等を業とする金融商品取引業者と，従来から忠実義務を課されてきた投資助言業者との法規制上の差異が縮小し，法的拘束力のないソフトロー上の規範である「顧客本位の業務運営に関する原則」の一部がハードロー化することになった。

4）金商法41条については，岸田雅雄監修・神作裕之＝弥永真生＝大崎貞和編集『注釈金融商品取引法第2巻業者規制（改訂版）』（金融財政事情研究会，2021年）651〜658頁参照【永田光博】。なお，投資助言業者の善管注意義務は平成18年の証券取引法改正（金融商品取引法に題名変更）に際して新設された。

買やその媒介等を業とする金融商品取引業者とに行為規範の差異はない。なお，後述するように，ドイツ法は，投資助言業者に対して一般の有価証券サービス業者より高いレベルの説明義務と適合性原則を課している。しかし，日本法の下では，少なくとも具体的な行為規範としてはそのような法制は採

5）もっとも，一般的な義務である忠実義務が実効的にエンフォースされているかどうかは，かなり疑わしい。というのは，投資助言業者に対し忠実義務違反に基づき制裁が課された事例はほとんどないからである。なお，金商法上，忠実義務を課されている金融商品取引業者として，投資助言業者のほか投資運用業者がある。とくに，投資信託及び投資法人に関する法律により，外部運用・外部管理が強制されている場合があり，それに伴い，資産運用会社およびその役員等と，投資法人およびその投資主との間に深刻な利益相反が生じ得る。資産運用業者の忠実義務違反については，若干の実例がある。近時の事案としては，親会社の売却希望価格を優先し，鑑定を依頼した不動産鑑定業者に対し，鑑定評価額が当該希望価格を上回るように鑑定評価額の引上げを働きかけた事案や，親会社の売却希望価格を上回る鑑定評価額を得ることを企図して，複数の鑑定業者から概算額を聴取し，そのうち最も高い概算額を提示した不動産鑑定業者の鑑定報酬額が，概算額を聴取した他の業者に比して最も廉価になるように当該不動産鑑定業者と交渉していた事案がある（https://www.fsa.go.jp/news/r4/shouken/20220715.html）。これに対し，投資助言業者については，公表された忠実義務違反の事例は存在しないようであり，投資運用業者についても，忠実義務違反の摘発事例は少なく，忠実義務が実効的に適用され遵守されているかどうかは，疑問が残る。もっとも，本文に述べる通り，投資助言業者の忠実義務は禁止行為などの形に具体化されていることも少なくないため，一般的な忠実義務が適用される場面が多くないという側面もある。

6）日本においてもカタカナでフィデューシャリー・デューティーと表記して，金融事業者は顧客の最善の利益を図るべきことが唱えられてきた。本文に述べたように，投資助言業者はかねてから忠実義務を課されておりフィデューシャリーであるといえるのに対し，有価証券の売買やその媒介等を業とする金融商品取引業者は，金融庁の策定に係る「顧客本位の業務運営に関する原則」の下で法的拘束力のないソフトロー上のフィデューシャリー・デューティーを負うにすぎなかった。注3）に述べた法案が成立すれば，そのような金融商品取引業者も法的義務を負う広義のフィデューシャリーになると解される。もっとも，ここにいうフィデューシャリー・デューティーは，信託受託者等に課されるフィデューシャリー・デューティーと重なる部分も少なくないけれども，完全に同一ではなく，米国における顧客のベスト・インタレストを図る義務に近いと考えられる。すなわち，信託受託者や投資助言業者のように忠実義務が課されるわけではない。フィデューシャリー，フィデューシャリー・デューティーおよび顧客のベスト・インタレストを図る義務については，後掲注25）～27）参照。

7）2023年改正前金商法は，実質的な説明をすることなく契約締結前書面等を交付し金融商品取引契約を締結することを禁止行為とすることにより，金融商品取引業者等およびその役員・使用人に対し説明義務を課していた（同法37条の3・38条9号，金商業等府令117条1項1号）。前掲注3）で述べた第212回国会で成立した金融商品取引法等の一部を改正する法律（2023年3月14日提出）は，契約締結前書面交付義務と結び付けて説明義務を課していた改正前法を改め，金商法において「…顧客の知識，経験，財産の状況及び当該金融商品取引契約を締結しようとする目的…に照らして，当該顧客に理解されるために必要な方法及び程度により，説明をしなければならない」（改正金商法37条の3第2項）と定め，金融商品取引業者等の説明義務を端的に規定した。

用されておらず，投資助言業者であっても金融商品取引業に共通する一般的な適合性原則や説明義務が適用されるにすぎない[8]。

　第4に，投資助言業者について，各種の禁止行為が定められている。例えば，投資顧問契約の締結や解約に関し，偽計・暴行・脅迫をする行為の禁止（金商法38条の2第1号）や顧客勧誘に際しての損失補填の約束の禁止（同条第2号），他の顧客の利益を図るため特定の顧客の利益を害することとなる取引を行うことを内容とした助言の禁止（金商法41条の2第1号），顧客の取引に基づく価格等の変動を利用して自己または第三者の利益を図る目的で正当な根拠を有しない助言を行うことの禁止（同条第2号），通常の取引条件と異なる条件の取引についての助言の禁止（同条第3号）などが規定されている[9]。特に重要なのが，投資助言業務を行う金融商品取引業者に対しては，顧客を相手方として，または顧客のために有価証券の売買等を行うことが禁止されていることである（金商法41条の3）。ただし，この禁止には例外があり，第一種金融商品取引業や登録金融機関業務としてそのような取引を行う場合には適用されない。また，顧客からの金銭・有価証券の預託の受入れも禁止されている（金商法41条の4）。この禁止についても，金商法施行令で適用が除外される場合が規定されている。さらに，顧客に対する金

8）金商法上の適合性原則は，禁止行為として規定されており，顧客に適合しない金融商品の販売・推奨が禁止されている。金融商品取引業者が，より積極的に顧客の最善の利益に合致する金融商品を販売・推奨する義務を負うかどうかは，自明でない。この点について，ソフトロー上の規範である「顧客本位の業務運営に関する原則」において「高度の専門性と職業倫理を保持し，顧客に対して誠実・公正に業務を行い，顧客の最善の利益を図るべき」と定めた上で（同原則2），善管注意義務・忠実義務を課されていない有価証券の売買・媒介等に係る金融商品取引業者に対しても，「金融事業者は，顧客の資産状況，取引経験，知識及び取引目的・ニーズを把握し，当該顧客にふさわしい金融商品・サービスの組成，販売・推奨等を行うべきである」と定めており（同原則6），当該顧客にふさわしい金融商品・サービスを販売・推奨等すべきであることが明確にされている。

9）金商法41条の2第1号から第3号までの禁止は，顧客相互間または顧客・投資助言業者間の利益相反を禁止したものであると説明される（岸田監修・前掲注4）660頁【永田光博】）。さらに，金商業等府令により，自己または第三者の利益を図るため，顧客の利益を害することとなる取引を行うことを内容とした助言が禁止されている（金商法41条の2第6号，金商業等府令126条1号）。

銭・有価証券の貸付けも禁止されている（金商法41条の5）。

　第5に，投資助言業者には，営業保証金の供託義務が課されている。投資助言業者の規制を金融商品取引業者の一般的規制と比較すると，例えば兼業規制，主要株主規制，自己資本比率規制，金融商品責任準備金制度の適用がないという点において緩和されている。投資助言業者については，忠実義務関係を中心に行為規制については強化されているが，開業規制や兼業規制は緩やかであるといえる。

Ⅲ　米国法

1．投資顧問業者の定義と適用除外

（1）　定義

　米国において投資顧問業を定義する1940年の米国投資顧問業法202条（a）(11)は，投資顧問業者とは，「報酬を得て，直接または出版物もしくは文書により，有価証券の価値，有価証券への投資，購入または販売の適切性に関して，他者に助言する業務に従事する者，並びに，報酬を得て，通常の業務の一環として，有価証券に関する分析もしくは報告を発行し，または公表する者」と定める。以下，有価証券への投資等の適切性に関して他者に助言する業者に着目すると，投資顧問業者は，第1に，有価証券に係る投資助言・推奨を業務とし，第2に，上記サービスに対する報酬を受け取ることを要する。米国における投資顧問業の定義は，先に述べた日本における投資助言業の定義に近い。

　ところが，米国法の下では重要な適用除外規定がある。すなわち，ブローカー・ディーラー（証券業者）が投資助言を行う場合について，一定の場合には投資顧問業には当たらないことが明確化されているのである（投資顧問業法202条（a）(11)（C））。そのための要件は，第1に，ブローカー・ディーラーが証券業務に付随して行う助言等が本業に「専ら付随して（solely incidental)」なされるものであることである。第2は，第1に述べた本業に「専ら付随して」なされる助言等の行為について「特別の報酬（special compensation)」を受領していないことである。ブローカー・ディーラーが証券の売買に関して助言を行う場合であっても，それが証券の売買やその媒介等という本業に専ら付随してなされ，かつそのための特別の報酬を得ていないときは，ブローカー・ディーラーは投資顧問業者には当たらないものとされているのである。

（2）　適用除外の要件（1）：証券業に「専ら付随して」の意義

　ブローカー・ディーラーが投資助言を行っても，投資顧問業法の適用を除外される場合があることは前述したとおりであるが，本稿の問題意識の下では，本業である証券業務に「専ら付随して」と「特別の報酬」の意義が大いに注目される。

　米国証券取引委員会（Securities and Exchange Commission: SEC）は，証券業に「専ら付随して」の解釈について，提供されるサービスが口座について提供されるブローカレッジ・サービスに結び付いたものであり，かつ合理的にそれに関連しているものであれば「専ら付随して」に該当すると解釈してきた[10]。今日では，文言が若干修正され，「証券取引をもたらすブローカー・ディーラーの主たる業務に結び付いて，または，それに合理的に関連して」なされる場合であると説明される[11]。顧客口座に対してブローカー・ディーラーが裁量権を行使する場合には，「専ら付随して」とは言えず[12]，他の要件を満たせば投資顧問業に該当することになる。SEC は，ブロー

10）SEC, Certain Broker-Dealers Deemed Not to Be Investment Advisers, 17 CFR Part 275, Release No. IA-2339 (Jan.6, 2005).

11）SEC, Commission Interpretation Regarding the Solely Incidental Prong of the Broker-Dealer Exclusion from the Definition of Investment Adviser, 17 CFR Part 276, Release No. IA-5249 (July 12, 2019).

12）SEC, supra note 10, Release No. IA-2339. ブローカー・ディーラーが投資裁量権を有する場合には，当該ブローカー・ディーラーが当該有価証券取引に関し投資判断を行っているものとされる。

カー・ディーラーが顧客の口座について無制限の裁量権がある場合には，当該ブローカー・ディーラーが全体的かつ継続的な裁量をもつことになり，そのことは専ら投資助言を行っている関係と同視すべきであると述べる[13]。もっとも，ブローカー・ディーラーに投資裁量権が認められている場合であっても，たとえば期間の限定や投資対象などの限定が付されていると，「専ら付随して」に該当する場合もあり得るとされる。

　SEC の解釈によれば，「専ら付随して」に該当するかどうかの判断にとって，投資助言の重要性とか頻度は関係ない[14]。もっとも，この論点については，米国において争いがある。一部の有力な解釈は，投資助言が「専ら付随して」なされたといえるためには，時たま重要ではない助言行為を行う場合に限定されるべきであるとする[15]。しかし，SEC はそのような見解にはくみせず，投資助言が重要であっても，また，非常に頻繁に助言行為が行われる場合であっても，「専ら付随して」に当たり得ると解釈している。

　証券を販売するというブローカー・ディーラーの主要なビジネスに結びついている投資助言だけが「専ら付随して」に該当し，証券販売と結びついていなかったり，証券の販売が主要な業務ではなく助言が主要な業務であったりする場合には，「専ら付随して」には該当しない。しかし，ケース・バイ・ケースに判断されることになるため，必ずしも基準が明確であるとはいえない。

　SEC は，ブローカー・ディーラーが顧客との合意に基づかずに自発的に口座を調査し推奨を行う場合であれば，「証券取引に結び付いた，または合理的に関連する」投資助言であって適用除外に該当するとする[16]。さらに，ブローカー・ディーラーが口座を継続的に監視することを口座保有者との間で合意し，かつ，売買や保有継続について推奨を行う場合であっても，推奨

---

13) SEC, supra note 11, Release No. IA-5249.
14) SEC, supra note 10, Release No. IA-2339.
15) Comment Letter of the Securities Industry and Financial Markets Association (Aug.7, 2018).
16) SEC, supra note 11, Release No. IA-5249.

した証券取引に結び付いた，または合理的に関連する投資助言と解し得る場合があるという。ただし，証券業に専ら付随してなされる投資推奨についても，後述するレギュレーション・ベストインタレストが全面的に適用されることに留意する必要がある[17]。

（3）　適用除外の要件（2）：「特別の報酬」の意義

　ブローカー・ディーラーが本業に「専ら付随して」行う助言等について「特別の報酬（special compensation）」を受領していないことが，投資顧問業法の適用が除外される第2の要件である。

　口座の手数料・報酬の形態は，理念系としてはコミッション・ベースと残高フィー・ベースの2つがある。コミッション・ベースの算定根拠は，個々の証券取引であり，取引に基づいて手数料を徴収する。これに対し，残高フィー・ベースの報酬体系の下では，口座の預かり資産の残高に応じて手数料を徴収する。コミッション・ベースと残高フィー・ベースの2つは理念系であって，その中間に，いわばハイブリッドの報酬形態として，両者のメリットを追求しデメリットを軽減することを狙った様々な報酬形態が存在する[18]。

　利益相反については，コミッション・ベースの場合には過当な証券取引を誘導するおそれがあるとされる。これに対し，残高フィー・ベースの場合にも，コミッション・ベースに比べると利益相反のおそれは小さいものの，依然として利益相反は存在するといわれている。すなわち，残高フィー・ベースの場合には，むしろポートフォリオの見直し等に基づく必要な証券取引を抑制したり阻害したりするおそれがあると指摘される。

　業者のメリットとしては，コミッション・ベースの手数料体系は取引ごと

17）Regulation Best Interest, infra note 27, section Ⅱ.B.2.b.
18）提供するサービス内容に応じて一定額を徴収する「カウンセリング・フィー」方式や，金融サービスの提供に費やした時間やパフォーマンスに応じた報酬を採用する方式などもある。詳細は，岡田功太「米国における投資一任サービスの発展と課題」ウェブ Nomura2016年1号82～83頁参照（https://www.nomuraholdings.com/jp/services/zaikai/journal/p_201601_02.html）。

に手数料を徴収するため，必要なコストに応じて手数料を徴収することになる。これに対し，残高フィー・ベースの報酬体系には，証券取引の多寡に依存することなく安定的な収益源を確保できるというメリットがある。なお，個人顧客については，コミッション・ベースと残高フィー・ベースのメリット・デメリットを一概に指摘することはむつかしい。というのは，証券取引の多寡や資産残高などに応じて，いずれの形態が有利になるかはケース・バイ・ケースで，コミッション・ベースのほうが個人顧客に有利，残高フィー・ベースのほうが不利ということは一概にいえないし，逆もいえないためである。

　SEC は，「特別の報酬」について，ブローカー・ディーラーが投資助言のための分離された手数料を顧客から徴収するか，または，投資助言がなされた場合のコミッションと投資助言がなされなかった場合のコミッションのレートに差分があるときは当該差分が投資助言に対する報酬であることは明らかであるから「特別の報酬」に該当すると解釈してきた[19]。

　実務に大きな影響を与えたのが1995年に SEC が採用した「メリルリンチ・ルール」と呼ばれる「特別の報酬」に関するルールである[20]。SEC は，ブローカー・ディーラーの適用除外規定に基づいて，ブローカー・ディーラーが伝統的なコミッション・ベースの手数料ではなく，預かり資産残高に応じて手数料を徴収する残高フィー・ベースの手数料体系を採用するだけでは，投資顧問業法の適用を受ける投資顧問業者になるわけではないという解釈通知を公表した。これがメリルリンチ・ルールと呼ばれているルールである。メリルリンチ・ルールは，導入当時のブローカー・ディーラーがコミッション・ベースの報酬体系により誘引され過度に証券売買を推奨していたという反省に基づいて導入されたものであった。残高フィー・ベースの報酬体系にする

---

19) Final Extension of Temporary Exemption from the Investment Advisers Act for Certain Brokers and Dealers, Investment Advisers Release No. 626 (April 27, 1978). [43 FR 19224 (May 4, 1978)].

20) SEC, Report of the committee on compensation practice, April 10, 1995 (https://www.sec. gov/news/studies/bkrcomp.txt).

ことによって，ブローカー・ディーラーと投資者との間に生じる利益相反を抑制しようとしたものであった。

　メリルリンチ・ルールによって，資産残高に応じて手数料を徴収する残高フィー・ベースの手数料体系が米国において広く普及した。その大きな理由は，米国では，コミッション・ベースの手数料体系を採用していたのでは収益源が非常に不安定になるという難点があるためであった。コミッション・ベースの手数料体系の業者にとってのデメリットは，コミッションをめぐる激しい価格競争があることであり，コミッション・ベースで競争に打ち勝つことは容易ではない。さらに，コミッション・ベースの手数料体系は，残高フィー・ベースに比べると規制コストが高くつくといわれる。コミッション・ベースの証券口座に対してはFINRAが非常に細かなルールベースの自主規制をしているからである。これに比べて残高フィー・ベースの報酬体系は，証券取引の多寡に依存しない安定的な収益源になるというメリットがある半面，証券取引が頻繁に行われると収益を圧迫する可能性が生じる。すなわち，証券取引に基づいては手数料を徴収できないというデメリットがある。

　残高フィー・ベース，すなわち預かり資産残高に応じて手数料を徴収する場合であっても，一定の場合には投資顧問業法の適用を受けず，適用除外規定に当たり得るというSECの「メリルリンチ・ルール」は，しかしながら，その後，判例によって否定されるに至った。すなわち，2007年の判例により，「SECには，ブローカー・ディーラーが提供する残高フィー・ベースの手数料を収受する口座を投資顧問業法の適用から除外する権限はない」という理由によって，メリルリンチ・ルールは判例上，否定された[21]。

　米国においてメリルリンチ・ルールが判例によって否定された後，SECの担当部署は，ブローカー・ディーラーの投資助言とブローカー業務の双方の報酬として資産残高ベースで報酬を一括して受領することは「特別の報酬」

---

21) Financial Planning Association v. SEC, 482 F.3d 481 (D. C. Cir. 2007).

に当たると解している[22]。もっとも,「特別の報酬」の解釈論として,ブローカレッジ・サービスを全面的に提供する場合とディスカウント・ブローカレッジ・サービスを提供する場合とで異なるレートを用いた手数料を収受しているということだけでは,「特別の報酬」を収受していることにはならないと解している。

メリルリンチ・ルールが否定された後,実務においてどのような運用がなされているかというと,コミッション・ベースか残高フィー・ベースかを顧客が選択するというのが支配的な報酬体系になっている。すなわち,メリルリンチ・ルールが否定されて以降,証券口座は残高フィー・ベースとコミッション・ベースに分かれ,顧客がいずれかを選択するのが主流になっているようである[23]。なお,登録ブローカー・ディーラーは,投資顧問業法の適用を受けるサービスを提供し,かつ,報酬を収受している場合であっても,当該口座に関してのみ,投資顧問業者に該当することになる。したがって,登録ブローカー・ディーラーが,投資顧問業者にも該当するかどうかは,あくまでも顧客口座ごとに判断される。

米国における登録投資顧問業者の報酬体系の実態としては,全体の95.2%は,資産残高ベースで報酬を収受しているが,資産残高ベースだけで報酬を収受している投資顧問業者は20.8%にすぎない。資産残高ベースとともに,定額制,業績連動制や時間制など他の手数料形態を併用している場合が大半であり,34.4%の投資顧問業者は,資産残高ベースおよび定額制または時間制を組み合わせた手数料を採用している[24]。

---

22) Staff of the Investment Adviser Regulation Office Division of Investment Management U.S. Securities and Exchange Commission, Regulation of Investment Advisers by the U.S. Securities and Exchange Commission, March 2013.

23) 大規模なブローカー・ディーラーは,同時に投資顧問業の登録をしている場合が多いと推測されることにつき,本稿Ⅲ6参照。

24) Investment Adviser Association, Investment Adviser Industry Snapshot 2023, at 50 (https://investmentadviser.org/wp-content/uploads/2023/06/Snapshot2023_Final.pdf).

２．ブローカー・ディーラーの行為規制：レギュレーション・ベストインタレストの概要

　米国では，投資顧問業者とブローカー・ディーラーの法的地位は，投資顧問業者はフィデューシャリー（fiduciary）であるのに対し[25]，ブローカー・ディーラーはフィデューシャリーではない点において異なると解されてきた。

　米国においては，ブローカー・ディーラーと投資顧問業者が個人顧客に対して助言を行うなど，実質的には同様のサービスを提供している場合があるにもかかわらず，両者の法的地位が異なるために，顧客が誤解や混乱に陥っていることが問題視されてきた。ドッド＝フランク法は，SECにブローカー・ディーラーと投資顧問業者の行為規制を制定する権限を付与するとともに，いずれの規範も，つまりブローカー・ディーラーの行為規範としても，投資顧問業者の行為規範としても，「顧客の最善の利益」のために行為しなければならないものとするルールを制定すべきことを定めた。さらに，投資顧問業法206条（１）および（２）による基準，すなわち投資顧問業者に課

25）フィデューシャリー・デューティーとは，元来，信託における受託者に課される義務を淵源とするものであるが，信託法の母法である英米法において，次第にフィデューシャリーとされる者の範囲が拡大してきた。すなわち，契約関係または事実関係に基づきある者（A）がその裁量的判断や裁量的行動に基づいて他の者（B）に対し大きな影響を与える場合において，当該ある者（A）はフィデューシャリーであるとされ，他の者（B）に対しフィデューシャリー・デューティーを負う。フィデューシャリーは，利益相反に係る厳格な規律に従うべきものとされ，義務違反に対しては多様かつ実効的な法的救済が認められるようになってきた。Ⅱで触れた金融庁「顧客本位の業務運営に関する原則」（2017年３月30日（2021年１月15日改訂））は，「経緯及び背景」において「顧客本位の業務運営（フィデューシャリー・デューティー）」と記載し，この原則が「フィデューシャリー・デューティー」に由来するものであることを明らかにしている（https://www.fsa.go.jp/news/r2/singi/20210115-1/02.pdf）。金融事業者のフィデューシャリー・デューティーについて米国法を中心に検討した文献として，神作裕之編『フィデューシャリー・デューティーと利益相反』（岩波書店，2019年７月），浅倉真理＝鶴ゆかり「米国における最善の利益規制とフィデューシャリー・デューティーに関する議論」月刊資本市場411号（2019年11月）40頁以下，顧客情報の取扱い等を中心とした最近のフィデューシャリーをめぐる議論の拡張と展開について，神作裕之＝三菱UFJ信託銀行フィデューシャリー・デューティー研究会編『フィデューシャリー・デューティーの最前線』（有斐閣，2023年８月）第２章および第３章参照。

されている所定の基準よりも緩やかな基準を定めてはならないという制約を
課した。

　ドッド＝フランク法に基づいて，2019年にレギュレーション・ベストイン
タレストが制定された[26]。レギュレーション・ベストインタレストは，結局
のところ，ブローカー・ディーラーと投資顧問業者に共通の規範を提示する
ことなく，ブローカー・ディーラーだけを対象にしている。投資顧問業者に
ついては投資顧問業法をはじめとする規制が適用されるという二本立ての規
制が維持されている。したがって，ドッド＝フランク法が１つのあり方とし
て描いていた投資顧問業者とブローカー・ディーラーについてルールを共通
化することは実現しなかった。

　ブローカー・ディーラーの行為規制として，レギュレーション・ベストイ
ンタレストは，次のような内容を定めている[27]。すなわち，ブローカー・
ディーラーは，個人顧客に対して証券取引または証券を含む投資戦略を推奨
するときは，推奨をしているブローカー・ディーラーやこれに関連する自然
人の経済的またはその他の利益を個人顧客の利益に優先させることなく，推
奨がなされる時点における個人顧客の最善の利益のために行動しなければな
らない。こうして，ブローカー・ディーラーは，個人顧客に対して証券取引
や投資戦略を推奨するときは，自己の利益や関係者の利益を当該個人顧客の
利益より優先してはならないことが法規範として定められた。ブローカー・
ディーラーに対して，推奨がなされる時点における顧客のベストインタレス

26）レギュレーション・ベストインタレストの制定には紆余曲折があった。制定過程の詳細につい
　ては，岡田功太「米国における投資アドバイスの行為基準規制を巡る議論の進展」野村資本市場
　クォータリー2019 Spring 1 頁以下参照（http://www.nicmr.com/nicmr/report/repo/2019/2019
　spr02web.pdf）。

27）SEC, 17 CFR Part 240, Release No. 34-86031 ; File No. S7-07-18, RIN 3235-AM35, Regulation
　Best Interest : The Broker-Dealer Standard of Conduct Regulation Best Interest. 米国における
　SEC のレギュレーション・ベストインタレストについては，小出篤「米国における投資商品の
　販売とフィデューシャリー・デューティー」神作裕之編・前掲注25）の文献252〜254頁，松元暢
　子「国民の資産形成に関する制度設計と金融事業者の『フィデューシャリー・デューティー』」
　財務省財務総合政策研究所「フィナンシャル・レビュー」2020年第１号（通巻第142号）（2020
　年３月）75〜79頁参照。

トのために行動しなければならないという行為規範がハードローにより課されたのである[28]。

　その上で，次の4つの義務を履行した場合には，ブローカー・ディーラーはベストインタレストに従って行動したものとみなされる[29]。顧客のベストインタレストのために行為するかどうかは，顧客の状況によっても業者の状況によっても様々であり得るが，より具体的な行為義務を示した上で，それが履践されていれば，顧客のベストインタレストに従って行動したものとみなすものであり，レギュレーション・ベストインタレストに特徴的な規制手法だと思われる。

　第1は，開示義務である[30]。事前に，または推奨する時点で，個人顧客に対して書面をもって次の事項を開示しなければならない。開示すべき事項は，重要な手数料およびコスト，提供される商品の範囲に重要な限定があるときには当該限定についてである。つまり，当該ブローカー・ディーラーの取扱商品が限定されているときは，それを事前に示すことが要請される。さらに，全ての利益相反に関する重要事項について開示すべきものとされており，いわゆるバスケット条項が定められている。利益相反とは，次のように定義されている。すなわち，「利益相反とは，ブローカー・ディーラーまたはブローカー・ディーラーと関係を有する自然人が，意識的であれ無意識的であれ，利害関係がないとはいえない推奨をするよう働きかける可能性のある利害関係を意味する[31]」。なお，開示すべきときは，「完全かつ公正な開示」を行うものとされている[32]。

　第2は，注意義務である[33]。注意義務は一般的義務であるが，レギュレー

28）17 CFR Part 240 § 240.15l-1 (a) (1).

29）17 CFR Part 240 § 240.15l-1 (a) (2).

30）17 CFR Part 240 § 240.15l-1 (a) (1) (i).

31）17 CFR Part 240 § 240.15l-1 (a) (3).

32）「完全かつ公正な開示」については，Regulation Best Interest, supra note 27, SectionII.C.1.c, Disclosure Obligation, Full and Fair Disclosure 参照。また，投資顧問業法における投資助言業者の利益相反規制において「完全かつ公正な開示」について豊富な議論や事例の蓄積がある。後掲注43）〜45）およびそれに伴う本文の記載参照。

ション・ベストインタレストは，その内容を次のように明確化・具体化している。すなわち，ブローカー・ディーラーは，推奨に伴うリスク・利益・コストを理解した上で，具体的な推奨が個人顧客の最善の利益にかなうと信じるに足りる合理的な根拠がなければならない。当該推奨が，特定の個人顧客の最善の利益にかない，かつ当該ブローカー・ディーラーの利益を当該顧客の利益に優先していないと信じるに足りる合理的な根拠があるものでなければならない。個別の推奨のみならず，一連の推奨取引をあわせて見た場合に，当該個人顧客の投資プロファイルに照らして過大ではなく，当該個人顧客の最善の利益にかない，かつ当該ブローカー・ディーラーの利益を当該顧客の利益に優先していないと信じるに足りる合理的な根拠があるといえる程度の合理的な配慮，注意および技能を用いた場合には，注意義務を尽くしたとものとみなされる。ここでは，日本法上の適合性の原則を含み，さらに一歩踏み込んで顧客の最善の利益にかなうこと，その裏返しとして自己や関係者の利益を顧客の利益に優先させていていないことを合理的に根拠づける配慮，注意および技能を用いることが求められている。

　第3は，利益相反に関する義務である[34]。合理的に設計された利益相反についての方針・手続を策定し，それを実施しなければならない。ブローカー・ディーラーが行う推奨に係るあらゆる利益相反を特定した上で，開示するかまたはそれを排除することが求められる。この規制は，法的なフィデューシャリーに係る規制とは多少異なる面がある。というのは，法的なフィデューシャリー・デューティーの下では，従来は，利益相反関係について開示した上で，受益者の同意を得ることが原則であった。レギュレーション・ベストインタレストは，顧客の同意に過度に依存することなく，一定の場合には，開示するだけでは足りず，そのような利益相反関係を排除することを求める一方，開示をすることによって顧客のベストインタレストの観点

33）17 CFR Part 240 § 240.15l–1 (a) (1) (ⅱ).
34）17 CFR Part 240 § 240.15l–1 (a) (1) (ⅲ).

に基づく利益相反に関する義務に反しない場合があることを認めている。また，当該ブローカー・ディーラーと関係者の利益を個人顧客の利益よりも優先させる誘因になる全ての利益相反を特定し，これを緩和することを求めている。この点も，単に利益相反を特定するだけでなく，それに対して一定の緩和措置を講じることが必要になる点で厳格化されている。利益相反規制における開示や顧客の同意の限界を意識し，開示を超えて，一定の利益相反を排除するとともに，顧客の最善の利益のために売買・媒介等をすることに対して負のバイアスを与え得る利益相反を特定した上で，緩和措置を講じなければならないとする。とりわけ，販売競争やノルマの設定，ボーナス・現金以外の報酬を特定し，これを排除すべきこととされている点が重要である。特定の期間内に特定の証券についてなされる販売競争やノルマの設定，あるいはボーナス・現金以外の報酬は，伝統的なフィデューシャリー・デューティーの下で，必ずしも排除されるべき利益相反関係をもたらすものとは解されてこなかったと思われる。レギュレーション・ベストインタレストは，ブローカー・ディーラーおよびその役職員のインセンティブ構造に踏み込んで顧客のベストインタレストと自己の利益との間に生じる衝突をとらえているものと評価できよう。特定の期間内に特定の証券についてなされるものという限定が付されてはいるものの，あらゆる販売競争，販売ノルマ等を排除すべきものとするレギュレーション・ベストインタレストは，ブローカー・ディーラーの勧誘販売方針に立ち入った利益相反規制をしている。

　第4は，遵守義務である[35]。上述した第1から第3までの義務，すなわち開示義務，注意義務，および，利益相反に関する義務を遵守するために合理的に設計された方針・手続を書面により策定し，それを実施しエンフォースする義務が課されている。開示義務，注意義務および利益相反に関する義務がきちんと遵守されているか，きちんと運用されているかを監視するコンプライアンス体制を構築して，それを適切に運用するとともに，エンフォース

---

35) 17 CFR Part 240 § 240.15l-1 (a) (1) (iv).

しなければならない。この義務は，体制整備・運用義務であり，ブローカー・ディーラーに対し組織上の義務を課したものと評価できよう。

　そして，上述した第1から第4の義務が履行されていれば，ブローカー・ディーラーは顧客のベストインタレストにかなう推奨をしたものとみなされるという規制構造になっている。

　レギュレーション・ベストインタレストのもとで，証券業者が開設する証券口座について，メリルリンチ・ルールを復活させることが可能かという論点がある。上述したように，残高フィー・ベースの報酬の徴収は，「特別の報酬」に該当すると解されてきた。ところが，レギュレーション・ベストインタレストは，個人顧客に対する証券取引や投資戦略の推奨について，上述したような詳細なルールベースの規制を定める一方，手数料については開示すべきことしか規定していない。そうであるとすると，顧客のベストインタレストを図る義務を尽くしているとみなされる場合であれば，すなわちブローカー・ディーラーが上述した4つの義務を履行しており，ベストインタレストを図っているとみなされる場合には，ブローカー・ディーラーは，手数料について公正かつ完全な開示をし，ブローカー・ディーラーの助言行為が証券業に「専ら付随して」なされるものであるならば，「特別の報酬」を受けるものではないと解釈する余地があり得るように思われる。そのような場合には，ブローカレッジ業務を営みながら投資助言行為を行っても投資顧問業法の適用を受けないことになりそうである。残高フィー・ベースの報酬体系が「特別の報酬」に該当すると解されるかどうかは，事案ごとに判断されることになるであろうが，そもそもベストインタレスト・レギュレーションの下でブローカー・ディーラーが個人顧客に対し推奨をした場合について十分な規制がなされていると評価できるならば，「特別の報酬」を受領しているかどうかで投資助言業に該当するかどうかを区別するという形式的・技巧的な考え方をとる意義は薄れてきているといえよう。他方，口座残高ベースでフィーを徴収する場合には，口座自体に対する監視義務が及ぶと解するならば，残高フィー・ベースの徴収は口座自体についてなされる助言に対す

る「特別の報酬」に該当し，それゆえ，当該ブローカー・ディーラーは，投資顧問業法に基づく登録を要し，同法の規制に服するべきであるという解釈論にも合理的な理由があろう。SEC は，後者の考え方に立っているものと思われる。

　そもそも「報酬」を根拠に投資顧問業者とブローカー・ディーラーの境界を定めること自体が，不明確なばかりでなく，顧客保護という目的から迂遠であると思われる。もっとも，上述したようにブローカー・ディーラーが助言・推奨を行う場合であれ，また以下に述べるように投資顧問業者が助言・推奨を行う場合であれ，顧客のベストインタレストを図り自己の利益を顧客の利益より優先させてはならないという法規範が適用されることとされており，依然として両者の法的地位や法的義務について差異は残っているものの，かなり整合性が図られてきたといえよう。

3．投資顧問業者のフィデューシャリー・デューティー

　米国法の下では，投資顧問業者には，注意義務と忠実義務が課されており，フィデューシャリーであるとされる[36]。その内容は，顧客の最善の利益のために助言を行い，顧客の利益を自己の利益よりも下位に置かないことであるとされる[37]。その具体的な規範内容は，次の4つである。

　第1に，顧客の最善[38]の利益に合致した助言を行わなければならない。そして，顧客の最善の利益に資する投資助言であると信じることについて，合

---

36) Section 206 of the Investment Advisers Act, 裁判例として，Transamerica Mortgage Advisors, Inc. v. Lewis, 444 U.S. 11, 17 (1979) 参照。さらに，Investment Adviser's Act Release No. IA-2106 (Jan. 31, 2003)；SEC, Commission Interpretation Regarding Standard of Conduct for Investment Advisers, 17 CFR Part 276, Section I and II 参照。
37) SEC, Amendments to Form ADV, 17 CFR Parts 275 and 279, Investment Advisers Act Release No. IA-3060 (July 28, 2010).
38) もっとも，顧客の最善の利益とは何かは，顧客と投資助言業者との契約および両者の関係によって大きく異なり得る。たとえば，包括的で裁量的な助言を求める個人顧客と助言の範囲・限界を明示的に定めている機関投資家とでは，投資助言業者の顧客の最善の利益のために助言する義務の内容は大きく異なるであろう。

理性が存在しなければならない[39]。

第2に，取引の執行のために投資顧問業者がブローカー・ディーラーを選択する責任がある場合には，最良執行を探らねばならない[40]。

第3に，顧客との関係が継続している限りにおいて，顧客の最善の利益に合致する頻度で，全期間を通して全面的に助言を行い，監視しなければならない[41]。投資顧問業者は，口座のパフォーマンスを継続的に監視し，適切にポートフォリオの組換えを推奨しなければならないとされる[42]。

第4に，利益相反に左右されない独立した助言をすることができない可能性のある利益相反のすべてを排除するか，または，顧客が当該利益相反についてインフォームドコンセントをすることができるように完全かつ公正な開示をしなければならない[43]。たとえば，投資顧問業者が投資機会を分配する場合には，顧客相互間の利益相反に直面する。投資顧問業者は，投資機会の分配に係る方針を完全かつ公正に開示することを要するが，そのような方針を策定するに際し，顧客の性格や投資目的，顧客と業者の関係の深さなどを考慮することができ，必ずしもプロラタの分配方針を採用しなければならないわけではないとされる[44]。なお，利益相反に相当する事項を含む最低限の事項については，フォーム ADV の第2A 部において開示すべきものとされている[45]。完全かつ公正な開示を求めることにより，投資顧問業者が利益相反関係に影響されずに独立した助言をするよう働きかけるとともに，顧客や

---

39) SEC Interpretation, supra note 36, II B 1; Item 8 of Part 2A of Form ADV.

40) SEC Interpretive Release, Commission Guidance Regarding Client Commission Practices Under Section 28(e) of the Securities Exchange Act of 1934, Release No. 34-54165 (July 18, 2006); SEC Interpretation, supra note 36, II B 2.

41) SEC Interpretation, supra note 36, II B 3.

42) Barbara Black, Brokers and Advisers – What's in a Name?, 11 Fordham J. Corp. & Fin. L. 31 (2005).

43) Investment Adviser's Act Release No. IA-2106, supra note 36, General Instruction 3 to Part 2 of Form ADV. フォーム ADV については，後注49）参照。

44) Staff of the U.S. Securities and Exchange Commission, Study of Investment Advisers and Broker-Dealers As Required by Section 913 of the Dodd-Frank Wall Street Reform and Consumer Protection Act, at 23-24 (Jan. 2011).

45) SEC, supra note 37, Release No. IA-3060.

将来顧客が投資顧問業者を評価したり選択したりする際に開示された情報を考慮することが期待されているのである。

4．投資顧問業者とブローカー・ディーラーの行為義務の比較

　ドッド＝フランク法はブローカー・ディーラーと投資顧問業者の行為規制を平準化することを目指していたが，レギュレーション・ベストインタレストの下でも，結局差分は残っている。ただし，両者の行為義務は相当程度接近してきたと評価できる[46]。顧客のベスト・インタレストにかなう推奨がなされたとみなされる場合について，上述したようなルールベースの詳細な規定が置かれたことにより，ブローカー・ディーラーの顧客のベスト・インタレストを図る義務もかなり整備された。以下，投資顧問業者のフィデューシャリー・デューティーとブローカー・ディーラーの個人顧客のベストインタレストを図る義務とを比較し，その特徴を述べる。

　第1に，顧客のベストインタレストのために行動しなければならないという点は，両者に共通しており，ドッド＝フランク法の要請を満たしている。

　第2に，利益相反に関し，利益相反に関係する重要事項について，完全かつ公正な開示をしなければならないという点も共通している。

　しかしながら，第3に，規制のスタイルに差分が残る。すなわち，投資顧問業者に課されるフィデューシャリー・デューティーは基本的にプリンシプル・ベースであるのに対して，ブローカー・ディーラーの顧客の最善の利益のために行動する義務は，具体的でルールベースの規範を含んでいる。これはおそらく，レギュレーション・ベストインタレストがFINRAのルールベースの自主規制を相当程度取り込んだためであると思われる。レギュレーション・ベストインタレストには，具体的で詳細な規定が置かれているので

---

46) SEC, Staff Bulletin : Standards of Conduct for Broker-Dealers and Investment Advisers Account Recommendations for Retail Investors は，ブローカー・ディーラーの個人顧客の口座に係る推奨と投資顧問業者の推奨に係る行為規範について，パラレルに記載している（https://www.sec.gov/tm/iabd-staff-bulletin）。

ある。これは，プリンシプル・ベースで規制をする投資顧問業法のスタイル
とは大きく異なる。なお，投資顧問業者についてルールベースで規制してい
ないのはなぜかというと，投資顧問業者のビジネスモデルが非常に多様であ
るため，ルールベースで規制をすると過不足が生じるためであると推察され
る。

　第4に，投資顧問業者は，完全かつ公正な開示と十分な情報に基づく同意
によって利益相反に対処できるのに対して，ブローカー・ディーラーは，前
述したように，一定の場合には開示だけでは足りずに，利益相反の緩和や排
除が求められている。この点においては，むしろブローカー・ディーラーに
対して投資顧問業者よりも厳格な規制が課されている面があると評価できる
ように思われる。他方，ブローカー・ディーラーは，利益相反が排除すべき
レベルにまで達しておらず，開示で足りる場合には，顧客の同意を得ること
まで求められていない。利益相反のコントロールが，客観化，組織化されて
いるといえよう。

　第5に，投資顧問業者の負うフィデューシャリー・デューティーは，顧客
との関係全体について継続的に適用される。これに対し，ブローカー・
ディーラーのベストインタレストに係る義務は，顧客に対し助言・推奨を行
う時点においてのみ適用されるにすぎない。このように，フィデューシャ
リーである投資顧問業者は，顧客との間にフィデューシャリー関係がある間
は，全面的かつ継続的にフィデューシャリー・デューティーを負うのに対し
て，ブローカー・ディーラーのベストインタレストに係る行為規範は，あく
までも顧客に対して推奨を行う局面に限って適用される。その結果，投資顧
問業者は，顧客が口座を有している場合には，当該口座の監視義務を負うの
に対し，ブローカー・ディーラーには顧客の証券口座について監視義務は認
められないというのが，米国における一般的な理解であろう。

　ブローカー・ディーラーと投資顧問業者の間には依然として法的差異が
残っているものの，上述したレギュレーション・ベストインタレストの内容
からすれば，ブローカー・ディーラーの行為規制は，フィデューシャリーを

どのように定義するかにもよるものの，フィデューシャリーといえなくもないところがある[47]。というのは，ブローカー・ディーラーの行為規範として，個人顧客の最善の利益のために行為する義務がハードローとして課されることになり，とりわけ利益相反について組織上の義務をベースにしているものの具体的かつ明確な規制が導入されるに至ったからである。もっとも，SEC の審査部門は，2023年1月30日にリスクアラートを発し[48]，レギュレーション・ベストインタレストに関するコンプライアンス・プログラムに不十分な点が多いとして，文書化されたコンプライアンスに係る基本方針と手続がブローカー・ディーラーの固有のビジネスモデルを反映したテイラーメイドのものとなっていない例，研究プログラムや定期的な審査に関するコンプライアンス・プログラムが十分でない例，利益相反を同定するための組織や職務分担についての記載がない例，利益相反の開示だけがなされておりその緩和措置についての記載がない例など，多くの実務上の問題点を指摘しており，今後の SEC による監督と実務の動向に注目する必要がある。

5．フォーム CRS

投資顧問業者およびブローカー・ディーラーに作成が義務付けられている書式にフォーム CRS（Client or Customer Relationship Summary）がある。フォーム CRS は，2019年に，1940年投資顧問業法に基づき投資顧問業者に作成が義務付けられているフォーム ADV を改正するとともに[49]，1934年証券取引所法を改正してブローカー・ディーラーにも適用対象を広げ，その作成，個人投資家への交付および SEC へのファイリングを義務付けることとと

---

47) レギュレーション・ベストインタレストの制定前においても，投資助言業者とブローカー・ディーラーをともにフィデューシャリーとしてとらえた上で，両者のフィデューシャリー・デューティーを比較した論文として，Arthur B. Laby, Fiduciary Obligations of Broker-Dealers and Investment Advisers, 55 Villanova Law Review 701 (2010) 参照。

48) SEC Division of Examinations, Risk Alert, Observations from Broker-Dealer Examinations Related to Regulation Best Interest, January 30, 2023 (https://www.sec.gov/file/exams-reg-bi-alert-13023.pdf).

したものである[50]。

　フォームCRSのポイントは，投資顧問業者またはブローカー・ディーラーが個人顧客と新たに関係を構築しようとする場合には，みずからの法的地位について，顧客にその概要を説明するためのリレーションシップ・サマリーを交付しなければならない点にある。関係の構築に際してだけでなく，特定の会社や金融のプロと関わりをもったり，関係や特定のサービスを終了したり他の業者に乗り換えたりする場合にも，フォームCRSは投資者が意思決定をする際の参考になることが期待されている[51]。特に，ある業者が，証券業と投資顧問業のいずれも登録しているデュアルレジスターの場合には，1枚のサマリーで説明することが基本となる[52]。別々のサマリーを作成して2枚のCRSをつくることが禁止されているわけではないものの，そうした場合には，ブローカー・ディーラー用のCRSと投資顧問業者用CRSについて均等に説明しなければならないものとされている。

　さらに，証券業登録か投資顧問業登録のいずれかしか登録していない場合であっても，関連会社が証券業または投資顧問業を営んでいる場合には，その旨を記載しなければならない[53]。そうすることで，グループレベルで，各会社が投資顧問業と証券業のいずれを営んでいるのか，それぞれどのような

49）投資顧問業法に基づき投資顧問業者が登録に際しSECと州の監督当局にファイリングすることを求められるフォームADVは，当該投資顧問業者の事業・株主等所有関係・顧客・従業員・提供する助言サービスの内容・関連会社・当該会社および従業員の懲戒歴等を記載する第1部，提供する助言サービスの内容・手数料・利益相反・懲戒歴をわかりやすい英語で記載した第2部，およびリーテール投資家に交付すべきリレーションシップ・サマリーの第3部から構成される。Investor.gov, Investor Bulletin : Form ADV - Investment Adviser Brochure and Brochure Supplement, June 24, 2016, Updated August 27, 2020 (https://www.investor.gov/introduction-investing/general-resources/news-alerts/alerts-bulletins/investor-bulletins-71).

50）Rule 17a-14 under the Securities Exchange Act of 1934 and rule 204-5 under the Investment Advisors Act of 1940. SEC, Form CRS Relationship Summary ; Amendments to Form ADV (https://www.sec.gov/info/smallbus/secg/form-crs-relationship-summary).

51）前掲注43）参照。

52）SEC, Form CRS, General Instructions, No. 5. A. (https://www.sec.gov/rules/2019/34-86032-appendix-b).

53）SEC, supra note 52, General Instructions, No. 5. B.

関係にあるのかが開示されることになり，投資者の判断に資すると考えられる。さらに，リレーションシップ・サマリーには，提供するサービス，手数料・コスト，利益相反，行為規範，会社および登録証券外務員の懲戒歴などについても記載すべきこととされている[54]。開示すべき手数料についていえば，ブローカー・ディーラーはコミッション・ベースの手数料を徴収する旨，投資顧問業者は資産残高ベース，固定手数料，wrap fee program[55]またはその他の直接的な手数料に係る約定に基づき徴収する旨を記載すべきものとされている[56]。利益相反については，推奨を行う場合には，レギュレーション・ベストインタレストに従い，顧客の利益よりも自己の利益を優先することがない旨を記載しなければならない[57]。

　実務的には，フォーム CRS は，ドッド＝フランク法が対処しようとした課題に応えるための効果的な入口規制になるように思われる。なお，利益相反については，レギュレーション・ベストインタレストの下でかなり詳細なルールベースの規制が行われていることは前述したとおりであるが，そこで要求されている開示事項は，基本的にフォーム ADV に記載されるとともに[58]，個人投資家に交付されるフォーム CRS においても記載事項とされており，事前に顧客に対し直接開示がなされるよう確保されている点が重要であろう。

6．登録の実態

　米国では，2022年末時点で，SEC に登録している投資顧問業者は，15,114

54）SEC, supra note 52, Item Instructions, Item 1～Item 5.
55）Wrap fee program に基づく手数料については，ブローカー・ディーラーに対する取引コストおよび手数料の大半が含まれているか，または，当該資産を管理する銀行の手数料が含まれている。それゆえ，通常の資産残高ベースの手数料よりも高額になる傾向がある。投資顧問業者は，wrap fee program に基づき手数料を収受する場合には，そのことを説明するよう努めるべきであるとされる（SEC, supra note 52, Item Instructions, Item 3. A. (i)b. (1)）。
56）SEC, supra note 52, Item Instructions, Item 3. A. (i).
57）SEC, supra note 52, Item Instructions, Item 3. B. and C.
58）SEC, supra note 43, Form ADV Part 2A. and 2B.

社であり，対象資産は114.1兆ドルに達した[59]。これに対し，FINRA に登録しているブローカー・ディーラーは，2022年末時点で3,378社であった[60]。3,378社の FINRA 登録業者のうち，ブローカー・ディーラーとしてのみ登録している業者は2,915社，ブローカー・ディーラーとしても投資顧問業者としても登録しているいわゆるデュアルレジスターの数は463社であった[61]。FINRA に登録しているブローカー・ディーラーの合計数は，3,378社であるから，全体の13.7％が投資顧問業者としても登録していることになる。なお，FINRA に投資顧問業者としてのみ登録している業者は32,021社である。登録投資顧問業者の数はここ数年増加しているのに対し，FINRA に登録している事業者全体の数はここ数年減少している[62]。

　次に，外務員の数に着目すると，投資顧問外務員として登録されている者は，34万7,757名である[63]。それに対し，FINRA に登録している業者の登録外務員は，2022年末で62万822名であった[64]。内訳は，ブローカー・ディーラーの登録外務員が30万8,565名，ブローカー・ディーラーと投資顧問業者双方の登録外務員が31万2,317名で[65]，外務員数に着目すると，ブローカー・ディーラーと投資顧問業者の双方に登録している外務員の数が，ブローカー・ディーラーの外務員としてだけ登録している外務員の数よりも多い。

　以上から，大規模なブローカー・ディーラーが投資顧問業の登録をしていることが多いものと推測される[66]。なお，やや古い統計であるが，2017年12月末時点では，3,841社の登録ブローカー・ディーラーが存在し，そのうち

---

59) IAA, supra note 24, at 7.
60) FINRA, 2023 FINRA Industry Snapshot, Table 2.1.1 at 13 (https://www.finra.org/sites/default/files/2023-04/2023-industry-snapshot.pdf).
61) FINRA, supra note 60, Table 2.1.5 at 15.
62) IAA, supra note 24, Figure 1G at 20.
63) IAA, supra note 24, at 19.
64) FINRA, supra note 60, Figure 1.1.1 at 2.
65) FINRA, supra note 60, Table 1.1.7 at 5. なお，投資顧問業者の外務員としてだけ FINRA に登録されている者が8万977名存在し，FINRA に外務員として登録され，したがって SEC または州の規制当局の監督に服する者の総数は，70万859名に達する。

366社が投資顧問業者としても登録しており，デュアルレジスターが顧客口
座の全体の68％を占めていたという[67]。

Ⅳ　ドイツ法

1．投資助言の定義

　ドイツにおいて，投資助言（Anlageberatung）は，「顧客またはその代理
人に対する特定の金融商品に係る取引に関する，委任規則（EU）2017/565[68]
第9条にいう個別の推奨であって，当該推奨が当該投資者個人に関する状況
の検討に基づいてなされるものであるか，または，当該投資者に適合するも
のとして提示されるもの」と定義される（ドイツ有価証券取引法2条8項10
号，ドイツ信用制度法1条1a項1a号）。

　日本や米国における投資助言（顧問）業の定義と比較すると，ドイツ法に
おける投資助言の定義においては，投資助言に対して報酬を受け取るかどう
かは一切問題とされない。米国においても日本においても，「推奨」の解釈
として確立していると思われるが，投資助言とは個別の推奨であって，当該
投資者個人に関する状況の検討—これはノウユアカストマー・ルールを前提
にする—を踏まえて顧客に対して推奨を行う，または当該投資者に適合する

66）2022年末時点で，全登録外務員の82.3％は，500名以上の外務員を抱える大規模登録事業者に
　　所属しており（FINRA, supra note 60, Table 1.1.3 at 3），外務員数の平均は187名であるのに対し，
　　中位数は11名である（Id., Table 1.1.5 at 4）。なお，2017年12月末時点では，3,841社の登録ブロー
　　カー・ディーラーが存在し，そのうち366社が投資顧問業者としても登録しており，これらの業
　　者が全体の顧客口座数の68％を占めていたという。

67）SEC, A Proposed rule : Regulation Best Interest, CFR Part 240, Release No. 34-83062, at 226,
　　May 9, 2018.

68）Commission Delegated Regulation (EU) 2017/565 of 25 April 2016 supplementing Directive
　　2014/65/EU of the European Parliament and of the Council as regards organisational require-
　　ments and operating conditions for investment firms and defined terms for the purposes of that
　　Directive, C/2016/2398 (https://eur-lex.europa.eu/legal-content/EN/TXT/?uri=CELEX:32017R
　　0565).

ものとして提示するものであることが条文上明確にされている。顧客のベス
トインタレストのために推奨を行うべきことが定義上明らかにされているの
である。このような投資助言の定義は EU 指令を反映したものであるが，非
常に広範な定義規定となっている。ただし，後述するように，特定の金融商
品に係る取引に関する推奨が，専ら情報伝達手段を通じてなされたり，公衆
に向けて発せられたりする場合には，投資助言には該当しないものとされ
る。

　ドイツにおける投資助言業の定義の特徴である報酬の支払いを約している
かどうかが要件とされていない理由は，推奨というのは，投資の売買や媒介
など，他の有価証券サービスとともになされることが通常であると認識され
ている点にあると考えられる。つまり，米国法は，投資助言（顧問）業を伝
統的な証券業から切り離してできる限り明確に線引きしようとするという考
え方に立っているのに対し，ドイツ法はかなり異なった発想に立っており，
むしろ証券業者は投資助言業も営むのが通常であるという考え方に立ってい
るものと思われる。換言するならば，投資者に対する説明と推奨とを同一平
面上で連続的にとらえているともいえよう。それゆえ，個別の推奨に対して
報酬を受領しているかどうかは，投資助言の定義にとって重要でないわけで
ある。このような定義は，証券実務の実態を反映したものであり，投資助言
業の定義として，魅力的であると思われる。他方，このような投資助言業の
定義は，参入規制や業者規制の内容いかんによるものの，投資助言を専業と
するプロの登場や育成にとって障害になり，あるいは障害とまではいえなく
てもそれらを促進するものとはならないという批判があり得るであろう。

　ドイツ法およびドイツ法が準拠する EU 法においては[69]，投資助言に当た
るかどうかについて，その定義が非常に広いということもあって，かなり詳

69）Directive 2004/39/EC of the European Parliament and of the Council of 21 April 2004 on mar-
kets in financial instruments amending Council Directives 85/611/EEC and 93/6/EEC and Di-
rective 2000/12/EC of the European Parliament and of the Council and repealing Council Direc-
tive 93/22/EEC (https://eur-lex.europa.eu/legal-content/EN/TXT/?uri=CELEX:32004L0039).

細な議論がなされている[70]。投資助言業に該当するかどうかの具体的な判断
基準は，つぎの5つである。

　第1に，単なる情報提供ではなく，推奨であること[71]。推奨というのは，
助言者の側の意見が含まれていることを意味する。もっとも，単なる情報の
提供であっても，その情報を提供される側にとって，何らかの取捨選択や何
らかの意思決定の一助となる場合には，推奨に該当する点に留意する必要が
ある。したがって，ドイツ法の下でも，推奨と単なる情報提供の区別は容易
ではない。しかしながら，基本的には推奨と情報提供の区別が第1の基準で
ある。

　第2に，推奨が金融商品の取引に関するものであることである[72]。特定の
投資に関係しない助言は，一般的な助言であって，推奨とはなり得ない。

　第3に，推奨が投資者にとって適合的なものとしてなされるか，または当
該投資者の個別の状況に対する考慮に基づいてなされるものであることであ
る[73]。適合的なものとしてなされる推奨は，明示的でも黙示的でもよいと解
されている。また，投資者の個別の状況に関する情報を利用しない推奨で
あっても，既に業者がそのような情報を収集しており，それを考慮して推奨
がなされていると合理的に期待される場合には，投資者の個別の状況につい
ての情報を利用することなく行った推奨であっても，個別の状況に対する考
慮に基づいた推奨であるとみなされる。反対にノウユアカストマー・ルール
に基づいて投資者に関する情報を収集した上で，これらの情報に基づいて推

70) Committee of European Securities Regulators, Consultation Paper, Understanding the defini-
tion of advice under MiFID, 14 October 2009, CESR/09-665. なお，欧州証券規制当局委員会
（CESR）は，欧州市場監督機構（ESMA；European Securities and Markets Authority）の前身
である。

71) Article 9 of the Commission Delegated Regulation (EU) 2017/565 ; CESR, supra note 70, at 6-
8.

72) Article 9 (a) and (b) of the Commission Delegated Regulation (EU) 2017/565 ; CESR, supra
note 70, at 9-10.

73) Article 9 of the Commission Delegated Regulation (EU) 2017/565 ; CESR, supra note 70, at 11-
12.

奨がなされるとの印象を持ったのであれば，業者はそれが投資助言ではない
と主張することは許されない[74]。

　第4に，推奨が配布・配信チャネルを通じて非排他的になされたものでは
なく，また，公衆に向けられたものでないことという消極的な要件が課され
る[75]。したがって，新聞，雑誌，インターネットのウェブページ，テレビ，
ラジオなどを通じてなされる推奨は，投資助言には当たらない。ただし，電
子メールなど，複数の者に向けられたメッセージの送付先が投資勧誘のター
ゲットである場合や，メッセージの内容や用いられている言語など，個別の
諸事情を考慮して，複数の者に電子メールを送信した場合であっても投資助
言に当たるとされることがあり得る。

　第5に，推奨が，投資者またはその代理人を特定してなされたものである
か，見込投資者またはその代理人を特定してなされるものであることであ
る[76]。逆に言うと，投資と無関係の者に対して推奨を行っても，それは投資
助言とは言えない。もう一つが，コーポレート・ファイナンス上のアドバイ
スとの区別である。経済的なリターンやリスクヘッジのためではなく，産業
上・戦略上・企業上の目的のためになされる助言はコーポレート・ファイナ
ンスのための助言であって，投資助言ではないと解されている。

　なお，投資助言が投資者によって求められたかどうかは問題にならない。
業者の側からのイニシャティブにより助言がなされた場合であっても，もち
ろん投資助言に該当し得る[77]。

---

74) BaFin Rundschreiben 05/2018 (WA) - Mindestanforderungen an die Compliance-Funktion
und weitere Verhaltens-, Organisations- und Transparenzpflichten - MaComp v. 19.4.2018, BT
7.1. Nr. 5.

75) Article 9 of the Commission Delegated Regulation (EU) 2017/565 ; CESR, supra note 70, at 12-
14.

76) Article 9 of the Commission Delegated Regulation (EU) 2017/565 ; CESR, supra note 70, at 14-
16.

77) Begrüdung des Regierungsentwurfs eines Gesetzes zur Umsetzung der Richtlinie über
Märkte für Finanzinstrumente und der Durchführungsrichtlinie der Kommission (Finanzmarkt-
Richtlinie-Umsetzungsgesetz), BT-Drs. 16/4028, S. 56.

2．報酬の支払約束

　ドイツ法の下では，投資助言の要件に報酬の支払を約することは掲げられていない。そのような定義規定の下，ドイツにおいては，有価証券の販売・媒介等の勧誘の過程において投資助言がなされる場合が多いという認識が共有されている点に特徴がある。ドイツの証券業者の多くは，投資助言業務も行っている。例外的に，次の場合には，有価証券の販売・媒介等の勧誘の局面において投資助言が行われるものではないと解するのが判例・通説である。すなわち，第1は，エグゼキューションオンリーすなわち証券取引の執行だけを受託する場合である[78]。第2は，当該投資者が既に投資助言業者による助言を受けており，当該投資助言者の助言に基づいて投資者が売買している場合である[79]。このような場合には，投資助言業には当たらないとされるが，ドイツにおいては，投資助言に該当する場合が日本や米国に比較するとかなり広い。ドイツ法は，金融商品を売買したりその媒介等をしたりする場合には，投資助言がなされるのが通常であるという発想に立っているものと考えられる。

3．投資助言業に適用される監督法上の規制

　投資助言業は金融サービス業に該当する（信用制度法1条1a項1a号）。投資助言を他人のために営業として，または商人的方法で営むことを求められる程度に行う場合には，信用機関に該当しない場合には金融サービス機関となり（同条同項本文），免許を要する（同法32条1項）。信用制度法は，投資助言業の要件を満たす場合であっても，所定の要件の下で，金融サービス機

78）判例として，BGH Urt. v. 4.3.2014, Az. XI ZR 178, 12, BKR 2014, 245，学説として，Edelmann, § 3 Rn.3 in: Assmann/Schütze/Buck-Heeb, Handbuch des Kapitalanlagerechts, 5. Aufl. 2020参照。

79）判例として，BGH Urt. v. 27.2.1996, Az. XI ZR 133/95, WM 1996, 664，学説として，Edelmann, § 3 Rn.4 in: Assmann/Schütze/Buck-Heeb, Handbuch des Kapitalanlagerechts, 5. Aufl. 2020参照。

関の定義から除外する適用除外規定を有している（同法2条6項）。投資助
言の定義が広いために，EU およびドイツにおいては，詳細かつ広範な適用
除外規定が置かれているのである。

　ドイツ法の大きな特徴は，信用制度法上，投資助言業を金融サービス業と
して規制するとともに，有価証券取引法上も規制しており，監督法上，二重
の規制の適用を受ける点である。信用制度法において投資助言業に対して金
融サービス業規制が適用されることは前述したとおりであるが，有価証券取
引法は，投資助言業を有価証券サービス業として規制する（有価証券取引法
2条3項9号)[80]。

　こうして，投資助言業者に対しては，信用制度法上の「金融サービス業」
規制と有価証券取引法上の「有価証券サービス業」規制が重畳的に適用され
るのである。個別の金融機関の健全性を確保し，もって金融システムの安定
性の確保を目的とする信用制度法と，投資者保護と資本市場の機能を確保す
るという観点から固有の規制を課している有価証券取引法とでは，法目的が
異なるためである[81]。ただし，金融サービス業としての投資助言業と有価証
券サービス業としての投資助言業が実質的に同一に定義されていることから
も看取できるように，規制範囲を共通化するとともに，リスク管理体制のよ
うな共通する義務については，極力重複がないように調整がされている[82]。

　ちなみに，投資助言業は，旧法のもとでは有価証券サービス業ではなく，
有価証券サービス付随業務であった。2007年11月に発効した信用制度法の改
正により[83]，投資助言業は，付随業務ではなく有価証券サービス業に格上げ

---

80) 有価証券サービス業についても広範な適用除外規定が置かれている（有価証券取引法2a条)。
81) Fuchs, § 33 Rn. 11 in ; Fuchs, Wertpapierhandelsgesetz, 2. Auflage 2016. もっとも，Fuchs 教授は，本文に述べたドイツ法の規制体系は，一覧性に欠けるほか，信用制度法に規制を委ねている事項と有価証券取引法に規制を委ねている事項の切分けが過不足なく適切になされているのか疑問があると指摘する。
82) Begründung, supra note 77, S. 70.
83) Gesetz zur Umsetzung der Richtlinie über Märkte für Finanzinstrumente und der Durchführungsrichtlinie der Kommission (Finanzmarkt-Richtlinie-Umsetzungsgesetz) vom 16. Juli 2007, BGBl. I 2007 S. 1330.

された。その直接的な理由は，前述した MiFID を国内法化したためである
が[84]，MiFID においてそのように取り扱うものとされたのは，投資助言が
個人投資家にとってますます重要になってきており，個人投資家がますます
個別の推奨に依存するようになってきているためであった[85]。そのような実
態を反映して，投資助言業自体が有価証券サービス業に該当するものとされ，
より厳格な規制の対象になったのである。

4．免許制

　ドイツ法の特徴は，投資助言業について，信用制度法と有価証券取引法に
よる二重の規制体系をとっている点にある。ただし，有価証券サービス業の
範囲をできる限り信用制度法上の金融サービス業の範囲と一致させようとし
ており，投資助言の定義は共通である[86]。信用制度法と有価証券取引法を重
畳的に適用する一方，規制の対象は同一にして，規制があまりに複雑になら
ないように留意しているのである。

　なぜこのような二重の規制体系をとっているのかというと，有価証券取引
法は資本市場法の観点から有価証券サービス業者に対して追加的な規制を課
しているためである。したがって，投資助言業者は資本市場法の観点から加
重された規制にも服する必要がある。このように，規制を柔構造化した上で，
信用制度法上の金融サービス機関に適用される規制に加え，資本市場のプ
レーヤーである有価証券サービス業を営む投資助言業者に対して，マーケッ
トの観点から追加的な規制が課されているのである。もっとも，投資助言業
については，他の有価証券サービス業に比べると参入要件はかなり緩やかな

84）Begründung, supra note 77, S. 89f.

85）Erwägungsgrund 3 der Richtlinie 2004/39/EG des Europäischen Parlaments und des Rates
vom 21. April 2004 über Märkte für Finanzinstrumente, zur Änderung der Richtlinien 85/611/
EWG und 93/6/EWG des Rates und der Richtlinie 2000/12/EG des Europäischen Parlaments
und des Rates und zur Aufhebung der Richtlinie 93/22/EWG des Rates, ABl. L 145 S. 1, ABl.
2005 L 45 S. 18.

86）有価証券取引法2条8項10号と信用制度法2条1項1a 号における投資助言の定義は，同一で
ある（Ⅳ1参照）。

ものとされている（信用制度法33条1項1a号）。

5．投資助言業者の組織上の義務

（1）　信用制度法に基づく組織上の義務

　投資助言業は金融サービス業に該当するため，投資助言業者は信用制度法上の金融サービス機関に該当する。金融サービス機関は，信用機関とともに金融機関と定義されている。そのため，投資助言業者には法令遵守体制およびリスク管理体制の整備義務などの金融機関に適用される一般的な組織上の義務が課される（信用制度法25a条1項）[87]。

（2）　有価証券取引法に基づく組織上の義務

　有価証券サービス業を提供する企業については，組織上の義務の特則が存在する。前述したように，ドイツでは投資助言業者について柔構造化された規制体系が採用されており，有価証券取引法において，金融サービス機関に一般的に課される法令遵守体制およびリスク管理体制の整備義務に加え（（1）参照），有価証券サービス業を提供する企業は，当該サービスを継続的かつ適正に行うことを確保するための体制および利益相反管理体制を整備しなければならないものとされている（同法80条1項）。したがって，有価証券サービス業者である投資助言業者は，信用制度法上義務付けられている法令遵守体制およびリスク管理体制の整備に加え，利益相反管理体制の整備が必須とされる。

　そのほか，例えば投資助言に従事する従業員は，十分な知識・能力を有することが求められる。すなわち，投資助言に際しては，専門的知識を有し，かつ投資助言について信頼を置けると有価証券サービス業者が信じる従業員だけしか使用することができない（有価証券取引法87条1項）。そして，当

---

87) Poelzig, § 63 Rn. 64 in; Beck'scher Online-Kommentar zum Gesetz über den Wertpapierhandel, 8. Edition, Stand : 01.06.2023.

該従業員が投資助言をする前に，誰が投資助言をするのか等についてドイツ連邦金融監督庁（BaFin）に届け出なければならないものとされている。このように，投資助言業については上乗せ規制が課されている。

　ドイツ法の下でも，有価証券サービス業者には，米国においてブローカー・ディーラーに課される顧客のベストインタレストを図る義務に類似した顧客の利益擁護義務が課されており，そのような一般的義務に基づいて利益相反管理体制整備義務が課されている。すなわち，有価証券サービス業者は，有価証券サービスおよび有価証券付随サービスを誠実，公正，かつ専門家として顧客の最善の利益に資するように提供しなければならず（有価証券取引法63条1項），有価証券サービス業者には，利益相反を管理するための組織上の義務が課されている（同法80条1項2号）。すなわち，有価証券サービス業者は，利益相反をきちんと検知して，それを回避し，コントロールするための体制を整備しなければならないものとされているのである。さらに，有価証券サービス業者は，利益相反の一般的な種類とそれが生じる原因ならびに顧客にとってのリスクを限定するためにどのような措置を講じているかを開示しなければならない（同条2項）[88]。

6.　投資助言業者の行為規制

（1）　規制の構造

　投資助言業者については，先に述べた組織上の義務に加えて，開示・情報提供義務など一般の有価証券サービス業者よりもさらに加重された義務が課されている。

　ドイツ有価証券取引法63条の表題は，「一般的な行為規制：命令への授権（Allgemeine Verhaltensregeln；Verordnungsermächtigung）」である。この条文は，有価証券サービス業者の注意義務および顧客の利益擁護義務という一般的な義務を定めた上で，利益相反に係る開示義務，説明義務および適

88）利益相反に係る開示については**Ⅳ6**（3）（イ）参照。

合性原則等について定める。

　ドイツ有価証券取引法64条は，「投資助言及びポートフォリオ運用を行う際の特別の行為規制：規則への授権」というタイトルの下，有価証券サービス業者が投資助言をする場合における行為規制の特例として，有価証券の売買やその媒介等を業とする一般の有価証券サービス業者よりも重い義務を定めている[89]。同法63条10項は，有価証券サービス業者のノウユアカストマー・ルールと適合性原則に関連して，顧客が提供した情報に基づくならばある有価証券取引が当該顧客にとって不適合であると判断した場合には，その旨を顧客に伝え，顧客が提供した情報から適合性を判断することができない場合には，その旨を顧客に伝える義務等について定めている。ところが，投資助言については，同条同項の適用を明示的に排除し，同法64条において以下に述べる特則を置いている。投資助言業者の行為規範が加重されているのは，金融商品の単純な売買に関して有価証券サービスを提供しているわけではなく，とりわけ顧客の利益のために事務管理をしているためであると説明される[90]。

　加重されているのは，以下の点である。第1は，提供すべき情報の範囲である。すなわち，投資分析が包括的・総合的に行われているのか，それとも，部分的に行われているのかを明らかにしなければならないものとされている[91]。第2に，基礎情報シートが作成されない金融商品については，有価証券取引の前に，所定の情報を記載した重要情報シートを提供する義務を課している[92]。第3に，一般の有価証券サービス業者よりも重い義務が課されている投資助言業者をさらに2つのカテゴリーに分けて，独立報酬投資助言業

89）なお，有価証券取引法64条は，投資助言業の行為規制の特則のほか，ポートフォリオ運用業についても特則を定めているが，本稿では投資助言業に絞って述べる。

90）Poelzig, supra note 87, § 64 Rn. 2.

91）Erwägungsgrund 70 S. 1 VO (EU) 2017/565. 詳細は，規則の定めに授権されている（有価証券取引法64条9項1号）。規則の定めとして，VO (EU) 2017/565の52条1項参照。

92）詳細は，規則の定めに授権されている（有価証券取引法64条9項1号）。規則の定めとして，VO (EU) 2017/565の52条1項参照。なお，後掲注105）から注109）およびそれに伴う本文の記述参照。

者というカテゴリーを設けている。独立報酬投資助言業者とは，顧客だけから報酬を受け取る投資助言業者である。このような独立報酬投資助言業者については，通常の投資助言業者よりもさらに上乗せされた規制が適用される。

　ドイツ法は，投資助言業者に対し，信用制度法上は金融サービス機関としての規制を課すとともに，有価証券取引法上は有価証券サービス業者として二重の規制を課す体系を採用しているが，有価証券サービス業者としての投資助言業者は，さらに独立報酬投資助言業者とそれ以外の投資助言業者とで区別されており，それを含めれば３層構造の規制になっている。独立して顧客から報酬を徴収して投資助言を行う場合の上乗せ規制については，節を改めて述べる（Ⅳ７参照）。

（２）　一般的義務：注意義務と顧客の利益擁護義務

　投資助言業者には，有価証券サービス業者に課される一般的義務として，誠実・公正に，かつ専門家として顧客の最善の利益（im bestmöglichen Interesse seiner Kunden）のために有価証券サービスを提供しなければならない（有価証券取引法63条１項）[93]。この義務は，証券分野における職業専門家に一般的に求められる程度と範囲の注意を払う義務すなわち注意義務（Sorgfaltspflicht）と，顧客の利益擁護義務（Interessenwahrungspflicht）から成ると解されている[94]。投資助言業者にはこのような一般的義務が課さ

---

93)　有価証券取引法63条は，EU 指令を国内法化するために数次の改正を経ている。2017年改正により，MiFIDⅡ第24条が有価証券取引法63条によって国内法化された（Zweites Gesetz zur Novellierung von Finanzmarktvorschriften auf Grund europäischer Rechtsakte v. 25.6.2017, BGBl. I 1693）。有価証券取引法63条は，直接適用される EU 規則により具体化されている（VO (EU) 2017/565 (Delegierte Verordnung (EU) 2017/565 der Kommission zur Ergänzung der Richtlinie 2014/65/EU des Europäischen Parlaments und des Rates in Bezug auf die organisatorischen Anforderungen an Wertpapierdienstleistungsunternehmen und die Bedingungen für die Ausübung ihrer Tätigkeit sowie in Bezug auf die Definition bestimmter Begriffe für die Zwecke der genannten Richtlinie v. 25.4.2016, ABl. L 87/1）。

94)　Koller, § 63 Rn. 18 in；Assmann/Schneider/Mülbert, Wertpapierhandelsrecht, Kommentar, 8. Auflage, 2023；Poelzig, supra note 87, § 63 Rn. 48.

れるほか，ノウユアカストマー・ルールに則って顧客の投資目的や属性など
に関する情報を収集した上で，当該顧客個人に対し当該顧客にとって適合的
な助言や推奨を行わなければならない[95]。

　有価証券サービス業者の一般的な行為規範を定める有価証券取引法63条1
項および2項は，米国におけるレギュレーション・ベストインタレストのプ
リンシプルに類似している（Ⅲ2参照）。すなわち，有価証券サービス業者は，
誠実・公正に，かつ職業専門家として顧客の最善の利益を図り，有価証券
サービス業務およびその付随業務を提供しなければならない（有価証券取引
法63条1項）。利益相反管理体制によっては，顧客の利益を侵害するリスク
を回避できると評価し得ない場合には，顧客に対してリスクの範囲を明示し
なければならない（同条2項）。すなわち，利益相反管理体制による対応に
限界がある場合には，それについてのリスクを顧客に開示する義務が課され
ている。

（3）　投資助言業者に固有の義務

（イ）　情報提供義務

　投資助言業者についての特則を定める有価証券取引法64条によると，投資
助言を行う前に顧客に対してわかりやすい形で次の情報を提供すべきものと
される[96]。

　第1は，独立報酬投資助言者として助言を行うものか，それともコミッ
ション・ベースで助言を行うものかの区別である（有価証券取引法64条1
項1号）。独立報酬投資助言業者とそれ以外の投資助言業者では，異なる規制
がなされており，顧客に対し投資助言業者の法的地位を明確にする必要があ

---

95) Schäfer, § 1 Rn. 146f. in: Fischer/Schulte-Mattler, KWG, CRR-VO, 6. Auflage, 2023.
96) 有価証券取引法64a条により，有価証券サービス業者と顧客・見込顧客とのコミュニケーショ
　ンは，原則として電子的形式により行うことができ，書面で受領することを希望するアマ顧客に
　は無料で書面を交付しなければならない。同条は，EU指令2021/338第1条4号を国内法化した
　ものであり，2021年11月28日に発効した（Gesetz zur begleitenden Ausführung der VO (EU)
　2020/1503 und der Umsetzung der RL EU 2020/1504）。

る[97]。とりわけ，コミッション・ベースで報酬を受領している場合には，投資家の利益ではなく自己の経済的利益を優先して投資助言を行うという利益相反のおそれが定型的に大きいと認められる[98]。

　第2は，助言は包括的・総合的な分析に基づいて行われるものか，それとも限定された分析に基づいて行われるものかどうかの区別である（有価証券取引法64条1項2号）。ある市場を代替する金融商品について適切に考慮するために当該市場で取得可能な十分な数の金融商品を対象にしているかどうかは，投資助言を受ける顧客にとって必要な情報であるからである[99]。包括的・総合的な分析に基づく助言か，限定された分析に基づく助言かについては，単に包括的・総合的か，限定的かという文言を用いて説明するだけでは不十分であり，金融商品の種類ごとに具体的な数を示しながら開示しなければならないと解されている。

　第3は，投資助言が自己と密接な関係にある金融商品の提供者，またはその他の法的・経済的に密接な関係にあるため投資助言の独立性を疑われる可能性がある提供者または発行者の金融商品に限定して推奨を行うものかどうかの区別である（有価証券取引法64条1項2号）。密接な関係性は，株式の所有関係，取引関係の密接性や事実上の結合企業関係の有無等の観点から判断される[100]。

　第4は，推奨された金融商品が顧客にとって適合するものであるかどうかを自ら判断するために通常用いられる情報を当該顧客に提供するかどうかである（有価証券取引法64条1項3号）。そのような情報を提供する場合には，アマ顧客[101]に対し当該投資が当該顧客の選好・投資目的およびその他の当

97）なお，コミッション・ベースと独立報酬のハイブリッドの報酬形態を採用している場合には，独立報酬投資助言業者であると記載してはならず，それぞれの報酬形態の適用範囲を開示しなければならない（Poelzig, supra note 87, § 64 Rn. 19）。

98）Poelzig, supra note 87, § 64 Rn. 12.

99）Poelzig, supra note 87, § 64 Rn. 22.

100）Begründung des Regierungsentwurfs vom Honoraranlageberatungsgesetz, BT-Drs. 17/12295.

該顧客の属性に照らして適合的なものであることについて，有価証券取引法63条12項に基づき提供する書面や記録等によって説明しなければならない[102]（64条8項）。

第5に，2021年6月3日のファンド立地法[103]に基づき，新たにサステナビリティに関するリスクに係る情報提供義務が課されることになった（有価証券取引法64条1項）。すなわち，金融サービス分野におけるサステナビリティに関する開示義務に関する2019年のEU規則[104]2条11号にいう金融助言者として，投資助言に際してサステナビリティに関するリスクについてどのように考慮したか，それが金融商品の利回りや助言対象にどのような影響をもたらすと予想されるか等について，明確かつ簡潔な理由を付して開示すべきものとされた。

第6に，アマ顧客に対しては，2014年のEU規則に基づき基礎情報シートを作成することを要しない金融商品であって[105]，当該アマ顧客に購入を推奨したすべての金融商品について，当該金融商品に係る取引が行われる前の適切な時期に，簡潔で一覧性のあるわかりやすい重要情報シートを利用できるようにしなければならない[106]（有価証券取引法64条2項1号）。この規制

101）有価証券取引法は，プロ投資家について定義規定を置き，プロ投資家以外のすべての投資家をアマ投資家と定義する（有価証券取引法67条2項・3項）。

102）有価証券サービス業者の一般的義務として，顧客に提供した有価証券サービスについて耐久性のある記録媒体に適切な方法で記載・記録し，顧客に報告しなければならない（有価証券取引法63条12項）。

103）Fondsstandortgesetz vom 3.6.2021 (BGBl. I S. 1498).

104）VO (EU) 2019/2088 vom 27.11.2019 über nachhaltigkeitsbezogene Offenlegungspflichten im Finanzdienstleistungssektor (ABl. L 317, 1 vom 9.12.2019).

105）Verordnung (EU) Nr. 1286/2014 des Europäischen Parlaments und des Rates vom 26. November 2014 über Basisinformationsblätter für verpackte Anlageprodukte für Kleinanleger und Versicherungsanlageprodukte (PRIIP). PRIP に基づき作成される基礎情報シートには特に重要な情報が記載・記録されているため，重要情報シートの作成は要しない。また，上場株式については，定型化された情報提供で代替できる（有価証券取引法64条2項）。

106）重要情報シートの内容や紙幅の制限等は，Verordnung zur Konkretisierung der Verhaltensregeln und Organisationsanforderungen für Wertpapierdienst-leistungsunternehmen (Wertpapierdienstleistungs-Verhaltens- und -Organisationsverordnung - WpDVerOV) vom 17. Oktober 2017 (BGBl. I S.3566) 4条において，詳細に規定されている。

は強行法規である[107]。重要情報シートの目的は，顧客が当該金融商品の特徴を評価するとともに，その他の金融商品と比較できるようにすることにある[108]。比較可能性を担保する観点から，有価証券サービス業者は，金融商品ごとに作成される重要情報シートの内容や分類に際し，同一の基準を採用しなければならない[109]。

　第7に，投資助言業者には適合性報告義務が課されているが，これについては適合性原則について述べる際に併せて触れる（（ハ））。

（ロ）　適合性原則

（i）　ノウユアカストマー・ルール

　有価証券サービス業者は，顧客に対して，収集した情報に基づいて当該顧客にとって適合的な金融商品または有価証券サービスを推奨しなければならない（有価証券取引法64条3項）。適合性の原則を履践するための前提として，顧客情報を収集する必要がある。すなわち，適合性原則の前提には，ノウユアカストマー・ルールが存在する（ドイツ法の下では，Explorations-pflicht と呼ばれる）[110]。すなわち，有価証券サービス業者は，適合性を適切に判断するために必要な顧客の情報を収集しなければならない。もっとも，収集される情報の範囲は適合性判断を適切に行うために必要であるというだけではなく，相当なものでなければならない[111]。適合性を適切に判断するために必要かつ相当な情報の範囲は，個別の案件によるが，推奨される金融商品の複雑性やリスクの大きさなどの商品性，顧客にとっての必要性や顧客

107）BaFin Rundschreiben 4/2013 (WA) - Produktinformationsblätter gem. §§ 31 Abs. 3a WpHG, 5a WpDVerOV, Nr. 1.

108）Poelzig, supra note 87, § 64 Rn. 32.

109）Rothenhöfer, WpHG § 64 Rn. 45, in ; Schwark/Zimmer, Kapitalmarktrechts-Kommentar, 5. Auflage 2020.

110）Edelmann, § 3 Rn. 14 in : Assmann/Schütze/Buck-Heeb, Handbuch des Kapitalanlagerechts, 5. Aufl. 2020.

111）BaFin, Rundschreiben 05/2018 (WA) - Mindestanforderungen an die Compliance-Funktion und weitere Verhaltens-, Organisations- und Transparenzpflichten - MaComp v. 19.4.2018, BT 7.3 Nr. 3.

の要保護性などによって左右される。欧州市場監督機構（ESMA；European Securities and Markets Authority）のガイドライン等において，収集すべき情報について詳細に規定されている[112]。

　収集すべき顧客の関連情報は，顧客の特定の種類の金融商品または有価証券サービスに係る取引に関する知識・経験（同条同項1号），損失負担能力を含む顧客の財政状況（同条同項2号），およびリスク耐性を含む投資目的（同条同項3号）である。具体的には，①通常の収入源とその額，②流動資産・投資商品・不動産を含む現在の資産価額，③通常の金融債務，④投資期間，負担するリスクに係る選好，リスクプロファイルおよび投資目的などの顧客の投資目標に関する情報が，投資助言業者によって収集される[113]。なお，有価証券サービス業者は全ての情報を収集する必要はなく，具体的な助言に関して当該顧客にとっての適合性を評価するために必要かつ相当な情報だけを収集すれば足りる。

　有価証券サービス業者は，上述した①から④までの事項について一般的な質問をすれば足りるのか，それとも具体的な知識や経験等を問わなければならず，疑わしい場合にはさらに踏み込んだ質問をしなければならないかどうかが議論されている[114]。有価証券サービス業者は，顧客から提供された情報の正確性に疑いをもつような場合を除き，原則としてそれを信頼してよいとされる[115]。

　プロ顧客については，基本的には十分な知識と経験があることを前提に，

---

112) ESMA, Guidelines on certain aspects of the MiFID II suitability requirements, 6.11.2018, ESMA35-43-1163, Para. 34-43；BaFin, supra note 111, BT 7.4 Nr. 5；ESMA, Questions and Answers on MiFID II and MiFIR investor protection and intermediaries topics, 28.3.2019, ESMA35-43-349, Abschnitt Nr. 2, Frage Nr. 7.

113) BaFin, supra note 111, BT 7.2. Nr. 6, Poelzig, supra note 87, § 64 Rn. 46 und 46.1. なお，必要に応じて顧客の家族構成や年齢・職業，流動性の高い資産に対する必要性なども情報収集の対象になり，非財務的な観点についても考慮し ESG 要素に対する顧客の選好についても情報を収集することが望ましいとされる（BaFin, supra note 111, BT 7.2. Nr. 7）。

114) BaFin は，顧客による情報提供に不明な点や矛盾点がある場合には，有価証券サービス業者はその点を指摘し，明らかにする義務があると解している（BaFin, supra note 111, BT 8.1 Nr. 2, BT 7.4 Nr. 7）。

収集すべき情報は，何のために投資するのかということと，当該投資者の財務状況に限定されると解されている。なお，適格対当当事者[116]には，そもそもノウユアカストマー・ルールは適用されない（有価証券取引法68条1項）。

（ⅱ）　適合性判断

次に，投資助言者に適用される適合性原則に則った助言を行う義務に係る特則について述べる。

投資助言業者は，ノウユアカストマー・ルールに従って収集した情報に基づいて実際に適合性の有無について審査しなければならない。投資推奨の適合性は，推奨しようとしている具体的な取引について，次の3つの基準により判断される[117]。第1は，推奨された金融商品が，顧客の投資目標とりわけ投資目的とリスク許容度にふさわしいかどうか。なお，2022年8月2日以降は，顧客のサステナビリティに関する選好についても考慮すべきものとされている。第2は，投資リスクが当該顧客にとって経済的に負担可能であるかどうか。第3は，当該顧客は，その者の知識と経験に照らして当該投資リスクを理解できるかどうか。これら3つの判断基準から，推奨が適合的なものかどうかが判断される。さらに投資助言業者は，自己の取り扱う金融商品の種類，発行者，リスク・コスト・複雑性など，どのような観点から当該金融商品を推奨の対象に加えたのかということについて顧客に情報提供しなければならない。投資助言業を行う有価証券サービス業者の適合性原則は，相

115）Edelmann, § 3 Rn. 14 in：Assmann/Schütze/Buck-Heeb, Handbuch des Kapitalanlagerechts, 5. Aufl. 2020. なお，ノウユアカストマー・ルールに違反しただけで有価証券サービス業者に損害賠償義務が生じるわけではない。

116）適格対当当事者とは，プロ投資家の一部であり，有価証券取引法67条4項において定義されている。

117）VO (EU) 2017/565第54条2項に詳細において，適合性判断の基準について詳細に規定されている。さらに，ESMA は詳細なガイドランや Q&A を作成している（ESMA, Guidelines on certain aspects of the MiFID II suitability requirements, 28.5.2018, ESMA35-43-869, 32 ff.；ESMA, Guidelines for the assessment of knowledge and competence, 22.3.2016, ESMA/2015/1886；ESMA, Questions and Answers - Relating to the provision of CFDs and other speculative products to retail investors under MiFID, 11.10.2016, ESMA 2016-1165）。

当に詳細かつ厳格であるといえる。

　投資助言業者は，収集した顧客情報に基づいて推奨を行うことになるが，その際，顧客を類型化して，アマ顧客，プロ顧客，適格対当当事者のいずれかに分類する必要がある（有価証券取引法64条3項）。必要な情報を収集できないときは，推奨を行ってはならないと定められている。したがって，顧客が必要な情報を提供することを拒否した場合には，投資助言業者は推奨を行ってはならない。その場合には，顧客に対して助言できないことを明確に示さなければならない。顧客の側で誤った情報を提供し，かつ投資助言業者がそのことを知らなかったか，もしくは誤った情報であることが明白でなかった場合には，助言を行うことができる。

　ロボ・アドバイザーにより投資助言を行う場合であっても，適合性の原則は緩和されることなく，自然人がどのように，また，どの程度関与しているかを説明すること，ロボ・アドバイザーが提出した質問に対する顧客の回答のみに基づいて投資助言がなされることを示すことなど，投資助言の機械化・自動化に応じた基準が適用される[118]。

　基本的に，上述した監督法上の適合性審査の内容は，ドイツで判例上発展してきている民事法上の適合性原則の内容とほぼ一致している。監督法上の適合性審査原則の違反に基づく損害賠償義務は，民事法上の損害賠償責任を超えるものではないと解されている[119]。

　もっとも，民事法に係る判例法理とずれる可能性があるのは，一旦推奨した後に，その推奨を見直す義務が適合性原則に含まれるかどうかである。一般に，民事ルールではそこまでは認められないと解されており[120]，もし監

---

118) ESMA, Guidelines on certain aspects of the MiFID II suitability requirements, 6.11.2018, ESMA 35-43-1163, Para. 20 f. Para. 32 and Para. 51.

119) BGH Urt. v. 17.9.2013, Az. XI ZR 332/12, DB 2013, 2385, 2387 Rn. 17 ff. (20); BGH Urt. v. 19.3.2013, Az. XI ZR 431/11 Rn. 26.

120) ドイツの判例は，助言契約に基づき助言した後の継続的な監視義務およびアフターケア義務を原則として否定する（BGH Urt. v. 28.4.2015, Az. XI ZR 378/13, WM 2015, 1273, 1275 Rn. 23; BGH Urt. v. 21.3.2006, Az. XI ZR 63/05, ZIP 2006, 891)。

督法上はそれが認められるということになると，民事ルールと業者ルールの範囲が異なることになる。投資助言業者は，顧客に対して推奨した金融商品の適合性に係る判断について，定期的に判断を更新する義務があるかどうかに関連して，有価証券取引法64条1項3号によると，推奨した金融商品の適合性について定期的に審査を行うかどうかを投資者に知らせなければならないものとされている。投資助言業者は，投資者に対して一回推奨したら，あとは見直しをしないのか，それとも定期的に推奨判断を見直すのかについて事前に情報提供しなければならない。しかし，一旦推奨したらあとは放置するということが，投資助言業者に課されている顧客の利益擁護義務に照らしてそもそも許されるのかどうかが議論されているのである。定期的に適合性審査をレビューすることまではしなくても，一定の場合には見直さなければならないという議論が有力であるように思われる[121]。これに対し，有価証券取引法上，投資助言業者に定期的に推奨を見直す業務を課すことについては，投資助言業者に対して民事法上課されている義務の範囲を超えた義務を課すものであるという批判もあり，ドイツでも議論が分かれている。

（ハ）　適合性報告

　ドイツには適合性報告（Geeignetheitserklärung）という制度がある。投資助言業者は，契約を締結する前にアマ顧客に適合性報告を行うことが求められる（有価証券取引法64条4項）。従来は助言プロトコルという制度であった。助言プロトコルは，単に顧客と投資助言業者の会話のやりとりを記録したものであったが，適合性報告にはかなり詳細な情報が記載・記録されることになった。すなわち，投資助言業者が行った助言の概要と，行った推奨が，顧客の選好，投資目標およびその他の「顧客の属性」にどの程度適合するものであるかについて，具体的に，かつ，理由を付して記載・記録しなければならない[122]。

---

121) BaFin は，継続的な投資助言を行っている場合には，定期的な見直しにより情報を更新した上で，その時点における適合性判断をすべきであると解している（BaFin, supra note 111, BT 7.5. Nr. 3)。

　この制度は，適合性報告によって，投資助言業者が行った推奨が本当に当該顧客にとって適合的なものであるかどうか，どの程度適合的なものであるかを一瞥可能な形で顧客にわかりやすく伝え，顧客に再考の機会を与えることを目的としたものであると解されている[123]。適合性報告の内容，方式，様式は，規則において詳細に定められている[124]。

　投資助言業者は，自己の取り扱う金融商品の種類，発行者，リスク・コスト・複雑性など，どのような観点から推奨の対象に加えたのかということについても情報提供しなければならない。投資助言業者の情報提供については，かなり厳しいルールが課されているといえる。

　適合性報告は，投資助言業者がなぜ当該金融商品を推奨しているのかを，顧客が適合性報告を読むことによって頭を冷やして再考する機会を得ることのほか[125]，民事訴訟で用いることが想定されている。すなわち，適合性報告は，顧客が民事訴訟で争う場合の証明手段として役に立つことが期待されているわけである[126]。もっとも，適合性報告制度は，決して証明責任を転換するものではない[127]。しかし，適合性報告は，顧客を保護するために，監督法上，投資助言業者に義務付けられたものであって，投資助言業者は，訴訟において顧客の不利にそれを援用することはできないと解されている[128]。

（二）　記録保存義務

　投資助言業者には記録保存義務が課されている（有価証券取引法83条1

122）Poelzig, supra note 87, § 64 Rn. 64.

123）Schäfer, § 23 Rn. 109；in Assmann/Schütze/Buck-Heeb, Handbuch des Kaptalanlagerechts, 5. Auflage 2020.

124）VO (EU) 2017/565第60条参照。

125）BaFin, supra note 111, BT 6.1 Nr. 1ff.

126）Begründung des Regierungsentwurfs eines Gesetzes zur Neuregelung der Rechtsverhältnisse bei Schuldverschreibungen aus Gesamtemissionen und zur verbesserten Durchsetzbarkeit von Ansprüchen von Anlegern aus Falschberatung, BT-Drs. 16/12814, S. 27f.

127）Koller, supra note 94, § 64 Rn. 48 f.

128）Spindler, WpHG § 64 Rn. 181 in；Langenbucher/Bliesener/Spindler, Bankrechts-Kommentar, 3. Aufl. 2020.

項）。顧客との電話や電子メールを保存しなければならない等の詳細なルールが定められている（同条３項）。これらの義務は，金融監督の実効性を確保するのみならず，顧客が提起する民事訴訟においても有用である。

７．独立報酬投資助言業者の特則

前述したように，ドイツには，独立報酬投資助言業者（unabhängiger Honorar-Anlageberater）という制度がある。独立報酬投資助言業者とは，顧客だけから報酬を収受して投資助言を行う業者である[129]。この制度は2013年に導入された。ドイツでは従来取引手数料（コミッション）に支えられて投資助言が行われてきたけれども，手数料に支えられた投資助言とそれには支えられていない独立報酬投資助言とを顧客が意識的に選択できるように，誰が投資助言について報酬を支払っているかを明確にした上で投資助言が行われるべきであるという考え方に基づき創設された。

その後，2018年に，現行の独立報酬投資助言業者制度に改正された。独立報酬投資助言者制度とは，従来のコミッション・ベースの報酬体系に基づく助言が，必ずしも顧客の最善の利益に合致してこなかったという問題意識から，顧客だけから報酬を収取し，利益相反を厳格にコントロールした上で，顧客の最善の利益のために包括的・総合的な投資助言を行うことを目指した制度である。

なお，2023年８月現在，18社の登録独立報酬投資助言業者が存在しているにすぎず[130]，いまだドイツの投資助言における中心的な形態であるとはいえない。

独立報酬投資助言業者に対しては，上乗せ規制が課されている。すなわち第１に，独立報酬投資助言業者は，市場に提供されている十分に広範な金融商品の品ぞろえに配慮しなければならない。金融商品全般に目配りをして投

---

129) 独立報酬投資助言業者は，通常，１時間当たり100ユーロから150ユーロの報酬を受領しているとされる（Poelzig, supra note 87, § 64 Rn. 13）。

130) https://portal.mvp.bafin.de/database/HABInfo/

資助言を行うよう義務づけられているのである（有価証券取引法64条5項）。

　第2に，自己の計算で顧客と取引することは原則禁止されているが，一定の例外がある（有価証券取引法64条6項）。

　第3に，利害関係のある金融商品に係る取引を推奨するときは，利益相反関係について開示しなければならない。

　第4に，顧客以外の者から報酬を受領することが禁じられている（有価証券取引法64条5項2号）。

　第5に，リベートの供与について開示義務が課されている（有価証券取引法70条1項1号）。リベートを受領しない限り販売することのできない金融商品があり，そのような場合にはリベートを受け取ることはできるけれども，受領したリベートはできる限り速やかに顧客に全額返還しなければならないというかなり詳細かつ具体的な規定が置かれている。

V　おわりに

　米国法は日本法と同じく投資助言（顧問）に対する報酬の支払を投資助言（顧問）業の要件としており，投資顧問業者はフィデューシャリーとして忠実義務を負い，利益相反規制に服する。これに対し，ブローカー・ディーラーはフィデューシャリーとは位置付けられていないものの，推奨を行う場合にはレギュレーション・ベストインタレストにより顧客の最善の利益のために業務を提供すべき一般的義務が課されるとともに，とくに利益相反規制については厳格な組織上の義務が導入された。これに対し，ドイツ法の下では，報酬支払は投資助言業の要件ではなく，投資助言業者の範囲は広く，そのような投資助言業者に対し，有価証券サービス業者一般に課されている顧客の利益擁護義務や情報提供義務を超えた上乗せ規制がなされている。具体的には，投資助言業者に対しては，広範な情報提供義務・説明義務を課すとともに，適合性原則について一般の有価証券サービス業者よりも厳格かつ詳細な規制がなされている。さらに，顧客だけから報酬を受領する独立報酬投

資助言業者に対しては，市場に提供されている十分に広範な金融商品の品ぞろえに配慮して助言を行う義務，リベート受領の原則禁止と例外的に受領した場合の開示・返還義務など，さらなる上乗規制がなされている。

　米国法とドイツ法の概観から，日本法における投資助言業規制について参考になる点として，第1に，投資助言の定義を挙げることができよう。特に投資助言の対価として報酬を収受することの要否は，米国法とドイツ法とで対照的な取扱いがなされている。ドイツ法のように助言に対し報酬支払を約することを投資助言業の要件から外した上で，顧客だけから報酬を得る場合には，上乗せ規制で対処するという規制も十分にあり得る手法であると思われる。報酬を収受することを投資助言業の要件にするかどうかは，大きな問題である。

　1940年の米国投資顧問業法制定の際に意識されたのは，ブローカー・ディーラーがそれまでに行ってきた助言的な行為と投資顧問とをどのような基準によって区別するかであった。米国法は助言に対し報酬を収受しているかどうかという基準を採用することによってブローカー・ディーラーと投資顧問業者とを区別した。日本法は，1940年以前の証券実務と立法の沿革を前提にした米国に固有の定義を基本的にそのまま移入しているように思われる。米国においては，証券業という本業に付随してなされた助言であって，かつ，特別の報酬を受領していない場合には，投資助言業者の定義から除外することとし，それぞれの要件をめぐって緻密な議論をして整理してきた。しかしながら，証券会社および証券仲介業者の手数料ないし報酬体系が預かり資産残高ベースに移行する傾向がある中で，米国の証券実務と沿革を前提にした投資助言の定義を維持するかどうかは，検討に値すると思われる。

　第2に，現行法における投資助言業の定義を維持するとしても，投資助言業者に対する金商法上の行為規制が十分であるかどうかは，改めて検証すべき論点であると思われる。具体的には，例えば有価証券の売買やその媒介等を業とする金融商品取引業者の適合性原則や情報提供義務の内容と投資助言業者のそれとは同一のままで良いのかという問題がある。ドイツ法において

は，一般の有価証券サービス業者ももちろんノウユアカストマー・ルールと適合性原則に服するわけであるが，投資助言業者に対しては，顧客の投資に関する情報収集と分析，具体的・個別的に行われる推奨，および顧客に対する情報提供等について，より高いレベルの行為規範が課されている。特に投資助言業者の現行のノウユアカストマー・ルールが十分であるのか，検討を要するであろう。少なくとも投資助言業者については，ノウユアカストマー・ルールをハードローとして明示的に定める必要があると思われる。翻って，有価証券の売買やその媒介等を業とする金融商品取引業者の適合性原則や情報提供義務についても，再検討の余地があろう。米国においては，レギュレーション・ベストインタレストの制定により，推奨を行うブローカー・ディーラーと投資助言業者の行為規制は前者の行為規範を詳細にルールベース化することなどにより実質的にほぼ整合性のある体系になった。日本法の下でも，執行だけを依頼された場合や他に投資助言業者がいる場合などの例外的な場合を除き，有価証券の売買やその媒介等を業とする金融商品取引業者が推奨を行う際のノウユアカストマー・ルールおよび適合性審査，さらには利益相反規制について，より詳細なルールを定める必要はないのか，立法論として検討する必要があろう。

　第3に，投資助言業者に対しては，利益相反管理体制整備義務を課すべきであると考えられる。投資助言業者のビジネスモデルは多様であるため，各事業者のビジネスモデルに応じた適切な利益相反のコントロールが求められる。現行法の下では，金商法における利益相反規制の中心は禁止行為であるが，より柔軟で実質的な利益相反規制を志向するとともに，善管注意義務についても，顧客の最善の利益のために助言を行うべきことを明確化すべきであると思われる[131]。

　第4に，投資助言業者の開示規制については，米国法やドイツ法は日本よりもかなり進んでいると思われる。利益相反に関する開示や提供する投資助

---

131) 前掲注3) 参照。

言の内容などについて開示をさらに進める方向で検討がなされるべきであろう。米国法におけるフォーム ADV とフォーム CRS に基づく開示や，ドイツ法における適合性に関する判断根拠等を記載・記録した適合性報告制度は，日本法の検討に際しても大いに参考になると思われる。

アメリカにおける投資助言サービスの規制

松　尾　健　一

Ⅰ　はじめに

　2022年11月28日，新しい資本主義実現会議において資産所得倍増プランが決定された。同プランは，わが国の家計の金融資産の半分以上を占める現預金を投資へと振り向けることによって，資産所得の拡大という形で，家計が持続的な企業価値向上の恩恵を享受するという成長と資産所得の好循環を実現することを目指している。その手段として7本の柱が示され，第3の柱には「消費者に対して中立的で信頼できるアドバイスの提供を促すための仕組みの創設」があげられている。たしかに，国民の安定的な資産形成を進める上では，金融商品取引にかかるコンサルティングやアドバイスを提供するビジネスの健全な発展が不可欠であるといえる。

　金融商品取引法（以下，「金商法」という。）において，投資助言サービスの主たる提供者として想定されているのは，投資助言業者である。同法において投資助言業者は，当事者の一方が相手方に対して，有価証券の価値等に関し，口頭，文書，その他の方法により助言を行うことを約し，相手方がそれに対し報酬を支払うことを約する契約（投資顧問契約）を締結し，その契約に基づいて助言を行なうことを業とする者と定義されている（金商法28条3項1号・2条8項11号）。もっとも，実際には，投資助言業者だけでなく，第一種金融商品取引業者（証券会社）も，金融商品の販売の勧誘に際して有価証券の価値等に関し顧客に助言を行なっている（以下，有価証券の販売の勧誘に際しての投資助言を「ブローカーとしての投資助言」という。）。しか

し，上記のとおり，投資助言業は助言に対して相手方が報酬を支払うこと（有償であること）が要件とされていることから，無償で投資助言サービスを提供する限り，投資助言業にかかる規制が課されることはない。証券会社は，ブローカーとしての投資助言を無償で提供するものとされていることから，投資助言業に対する規制の外に置かれている。この結果，投資助言業者とブローカーには，どちらも顧客である投資家に対して助言を行なっていながら異なる規制が課されることになる。課される規制の異なる点は多数に及ぶが，とくに重要と考えられるのは，投資助言業者に対しては善管注意義務および忠実義務が課されているのに対し（金商法41条1項・2項），ブローカーにはそれらの義務が課されていない点である。

　このような規制の違いに対しては，証券会社がブローカー業務について顧客の預かり資産残高に応じて手数料を受け取るといったように，手数料・報酬体系が多様化したことにより，いっそう強い疑問が投げかけられている。手数料等の体系の多様化により，提供されるサービスと手数料との結びつきが明確ではなくなり，証券会社がブローカーとしての投資助言について報酬を得ていないと言い切ることが難しくなっているからである[1]。

　このような規制の違いから生じる問題への対応の第一歩として，市場制度ワーキング・グループのもとに顧客本位タスクフォースが設置され，その提言に基づき金商法および金融サービスの提供に関する法律（以下，「金融サービス提供法」という。）が改正される見込みである。改正法案によれば，金融サービス提供法は「金融サービスの提供及び利用環境の整備等に関する法律」（以下，「改正金融サービス提供法」という。）に名称が改められ，2条において「金融サービスの提供等に係る業務を行う者」[2]に対し，横断的に，顧客等の最善の利益を勘案しつつ，顧客等に対し誠実かつ公平に業務を遂行しなければならないとする義務が定められる[3]。これにより，「助言の対価

1）金融審議会・市場制度ワーキング・グループ「中間整理」（2022年6月22日）15頁注48も参照。
2）有価証券取引のブローカー業務を行なう者および投資助言業務を行なう者のいずれもこれに含まれる（改正金融サービス提供法2条2項2号）。

の有無にかかわらず顧客本位の適切な助言が提供されること」[4]が期待される。

　もっとも，さらに進んで助言の提供主体が誰であるかにかかわらず投資助言の提供については等しい規制を課すこととするのか，あるいは第一種金融商品取引業者による投資助言と第二種金融商品取引業者によるそれについては異なる規制を課すというように提供主体によって規制に差異を設けるのか，さらには，金融商品の販売と一体的に，連動して投資助言が提供される場合と，投資助言の提供のみが行われる場合を区別するのかといったことが，なお検討課題として残されている[5]。

　本稿は，今後，これらの課題を検討する際の基礎資料として，アメリカ証券法における投資助言・投資推奨の規制をめぐる議論を整理する。上述の投資助言業者による投資助言に対する規制と，ブローカーによる金融商品の販売の際の投資助言に対する規制が異なるという構造はアメリカ法に由来するものと考えられる。また，アメリカにおいても，そのような規制の構造が問題視され，ブローカーによる投資助言に対する規制を厳格化するため，2019年に SEC が Regulation Best Interest（RBI）を制定したという経緯があり，この点も日本の動向と似通っているように見える。RBI 制定の基礎となった SEC のスタッフレポート[6]には，ブローカーに対する規制と投資助言業者に対する規制が異なることの問題点がまとめられており，これを詳しくみることは，今後の日本の規制上の課題を検討する際に有益な示唆をもたらす可

3）これにともない金商法36条第1項（金融商品取引業者の顧客に対する誠実義務），同法66条の7（金融商品仲介業者の顧客に対する誠実義務）および金融サービス提供法24条（金融サービス仲介業者の顧客に対する誠実義務）の規定は削除される。

4）金融審議会・市場制度ワーキング・グループ・前掲（注1）15頁。

5）金融審議会・市場制度ワーキング・グループ・前掲（注1）15頁参照。

6）SEC Stuff Report, Study on Investment Advisers and Broker-Dealers, 2011. この SEC のスタッフレポート（以下，「スタッフレポート」という。）は，ブローカー・ディーラーおよび投資アドバイザーが，個人顧客に対して個別の投資助言および証券に関する推奨を提供する際に課される規制の水準の有効性を評価することを求める2010年のドッド・フランク法（Dodd-Frank Wall Street Reform and Consumer Protection Act of 2010）913条（b）を受けて公表されたものである。

能性が高いと考えられる[7]。

II　アメリカにおける投資助言に対する規制上の課題

　以下では，スタッフレポートに沿って RBI 制定前のアメリカにおける投資助言に対する規制上の課題として認識されていた事項についてみていくこととする。

1　規制対象となる投資アドバイザーの意義とブローカー・ディーラーにかかる適用除外

　1940年投資顧問法（Investment Advisers Act of 1940）202条（a）（11）は，同法の規制対象となる「投資アドバイザー（investment adviser）」を次のように定義している。すなわち，有価証券の価値もしくは有価証券の投資・購入・売却について，対価を得て，直接に，または出版物等を通じて，他人に助言する業務に従事する者，または，対価を得て業務として有価証券に関する分析もしくは報告書を発行・公表する者である。SEC は，①有価証券に関する助言，または有価証券に関するレポートもしくは分析の提供を，②業として，③対価を得て行なう場合，その者は投資顧問法にいう投資アドバイザーにあたると解しており，①～③について緩やかに解する傾向があるとされている[8]。

　投資顧問法は，一定の要件をみたす者について，形式的には投資アドバイザーに該当する場合であっても投資アドバイザーとして扱わないことを定め

7）先行研究として，萬澤陽子「米国における投資助言業者（Investment Adviser）の負う信認義務」金融商品取引法研究会編『金融商品取引法制に関する諸問題（下）』（日本証券経済研究所，2018年）65頁，松元暢子「2019年6月に SEC が採択した Regulation Best Interest について」神田秀樹責任編集＝資本市場研究会編『企業法制の将来展望－資本市場制度の改革への提言〔2020年版〕』（資本市場研究会，2020年）281頁等がある。

8）Applicability of the Investment Advisers Act to Financial Planners, Pension Consultants, and Other Persons Who Provide Investment Advisory Services as a Component of Other Financial Services, Investment Advisers Act Release No. 1092 (Oct. 8, 1987) [hereinafter : 1092 Release].

ている。ここではブローカー・ディーラーを投資アドバイザーから除外していることが重要となる。すなわち，同法202条（a）(11)(C) は，ブローカーまたはディーラーについて，（ⅰ）その投資助言サービスの履行が，ブローカーまたはディーラーとしての業務の遂行に「専ら付随して」行われるものであり，かつ（ⅱ）その投資助言サービスに対して「特別な報酬」を受け取らない場合に，投資助言業者の定義から除外している。このようにブローカー・ディーラーを投資アドバイザーから除外したのは，ブローカー・ディーラーは，その業務の遂行の過程で，顧客に対して一定の投資助言を行なうことが一般的であり，そのような側面だけを理由としてブローカー・ディーラーを投資顧問法の適用範囲に含めることは不適切であり，一方で，そのような助言の提供に対して特別の報酬を受けるブローカー・ディーラーは，投資アドバイザーととみなすべきであり，たんに有価証券の売買等にも従事しているという理由で，投資顧問法の適用範囲から除外すべきではないとの考えによるものと説明されている[9]。このブローカー・ディーラー除外規定により，ブローカー・ディーラーは，投資アドバイザーと同等のサービスを提供しながらも投資アドバイザーとしての規制を免れている[10]。

---

[9] Opinion of the General Counsel Relating to Section 202 (a)(11)(C) of the Investment Advisers Act of 1940, Investment Advisers Act Release No. 2 (Oct. 28, 1940).

[10] アメリカにおいても，預かり資産残高に連動する手数料のように顧客からの注文の執行に連動しない形で手数料を受け取るケースが増え，個々の金融商品取引の勧誘・執行から資産管理サービスの提供を志向する証券会社が増えた。このため，ブローカー・ディーラーが受け取る手数料に，個々の注文執行の対価以外のものが含まれており，投資アドバイスについて「特別の報酬」を受け取っているといえる（投資顧問法の適用除外が受けられなくなる）のではないかとの疑念が生じた。

　SEC は，ブローカー・ディーラーが残高ベースの手数料を受け取る場合も投資顧問法の適用除外を受けることができるとする規則案を公表したが，裁判所は，同規則案は SEC の権限を逸脱しており無効と判断している（Financial Planning Association v. SEC, 482 F.3d 481（D.C. Cir. 2007））。SEC の規則案については，沼田優子「米国証券会社の投資アドバイス業務を巡る議論」野村資本市場クォータリー2006 Winter 35頁（2006年）を参照。

2　投資アドバイザーに対する規制とブローカー・ディーラーに対する規制の差異

　1でみたように，ブローカー・ディーラーには，個人顧客に対して投資アドバイザーと同等の助言サービスを提供する場合でも，投資顧問法は適用されず，ブローカー・ディーラーに固有の規制だけが課される。その結果，RBI 制定以前は，投資顧問法等を根拠とする投資アドバイザーに対する規制とブローカー・ディーラーに対する規制には少なからぬ差異があった。以下では，個人顧客に対して個別の投資助言および証券に関する推奨を提供する際に，両者に課されていた RBI 制定前の規制の差異についてみていくこととする。

（1）フィデューシャリー該当性

　連邦最高裁判所は，投資顧問法206条（1）および（2）[11]は投資アドバイザーが顧客に対してフィデューシャリーの立場にあり，両者の関係はフィデューシャリーの基準によって規律されることを規定するものであると解している[12]。その結果，投資アドバイザーには，顧客（潜在的顧客を含む）との関係において，「最大限の誠意をもって，あらゆる重要な事実を完全かつ公正に開示する積極的義務，および顧客に誤解を生じさせないよう合理的な注意を尽くす積極的義務」が課されるとされている[13]。

　SEC によれば，投資アドバイザーは，フィデューシャリーとしての立場ゆえに顧客に対して忠実義務および注意義務を負うとされる[14]。忠実義務は，投資アドバイザーが顧客の最善の利益に奉仕することを要求するものであ

---

11) 投資顧問法206条（1）は，投資アドバイザーが，既存の顧客または潜在的顧客を欺罔するためにあらゆる策略・計略を用いることを，（2）は，既存の顧客または潜在的顧客にとって詐欺または欺瞞となる取引・業務に従事することを禁止する規定である。

12) SEC v. Capital Gains Research Bureau, Inc., 375 U.S. 180, 194 (1963)；Transamerica Mortgage Advisors, Inc. v. Lewis, 444 U.S. 11, 17 (1979). 両判決については，萬澤・前掲（注7）67〜71頁参照。

13) SEC v. Capital Gains Research Bureau, Inc., 375 U.S., supra note 12, at 191-192.

り，顧客の利益を自己の利益に劣後させてはならないということもその要求に含まれるとされる[15]。注意義務は，投資アドバイザーに対して，実質的に不正確または不完全な情報に基づく推奨となっていないことを確信するために必要となる合理的な調査を行なうことを要求するとされる[16]。これらの義務から導かれる具体的な行為規制の内容は，裁判所および SEC の解釈を通じて明確にされてきている。

　これに対し，ブローカー・ディーラーは，顧客との関係においてフィデューシャリーの地位にあると判断されることは原則としてない。もっとも，特定の状況の下では，ブローカー・ディーラーが顧客との関係においてフィデューシャリーの地位にあると判断されることもある[17]。ブローカー・ディーラーが顧客との関係においてフィデューシャリーとして規律されることは原則としてないけれども，ブローカー・ディーラーについては，法令および自主規制機関により様々な行為規制が定められている。

　また，判例においては，いわゆる看板理論によりブローカー・ディーラーが顧客に対して不公正な扱いをすること，および合理的な根拠なしに顧客に金融商品取引を推奨することは詐欺禁止規定に違反するという解釈が確立されてきた[18]。SEC も，詐欺禁止規定（1934年証券法10条（b），15条（c），

---

14) Proxy Voting by Investment Advisers, Investment Advisers Act Release No. 2106 (Jan. 31, 2003).

15) Id.

16) Concept Release on the U.S. Proxy System, Investment Advisers Act Release No. 3052 (July 14, 2010) at 119.

17) Davis v. Merrill Lynch, Pierce, Fenner & Smith, Inc., 906 F.2d 1206, 1215 (8th Cir. 1990). 一般的には，裁判所は，ブローカー・ディーラーが顧客資産を支配し，またはその運用について裁量を有している場合に，当該ブローカー・ディーラーは顧客との関係においてフィデューシャリーの地位にあると判断している（U.S. v. Skelly, 442 F.3d 94, 98 (2d Cir. 2006)；United States v. Szur, 289 F.3d 200, 211 (2d Cir. 2002)）。

18) Charles Hughes & Co. v. SEC, 139 F.2d 434 (2d Cir. 1943), cert. denied, 321 U.S. 786 (1944). 看板理論とは，ブローカー・ディーラーという看板を掲げている以上，顧客を公正に扱うこと，および顧客に対する表示や推奨に十分な根拠があることを黙示的に表明しているものとみなすことで，不公正な取引や十分な根拠にもとづかない推奨は表明違反として詐欺にあたると解するものである（黒沼悦郎『アメリカ証券取引法〔第2版〕』（弘文堂，2004年）214〜215頁参照）。

1933年証券法17条（a））を根拠として，ブローカー・ディーラーは顧客に対して公正取引義務（Duty of Fair Dealing）を負うという解釈を確立している[19]。さらに，自主規制機関の定める規則により，ブローカー・ディーラーは，顧客と公正に取引し，高い水準の商道徳および公正かつ衡平な取引の原則を遵守する義務を負うとされている[20]。この義務から導かれる行為規制についても具体的に定められている。

　以上のように，投資アドバイザーとブローカー・ディーラーとでは，顧客との関係においてフィデューシャリーの立場にあるかという重要な点についての判断が異なっている。もっとも，SEC 規則，さらには自主規制機関の定める規則において定められている具体的な行為規制の内容は似通っているようにも見える。したがって，両者に対する行為規制の差異を検討するには，SEC 規則等の定める具体的な規制の内容を比較することが必要である。以下では，投資アドバイザーおよびブローカー・ディーラーが，個人顧客に対して個別に投資助言に該当する行為をする場合に課される SEC 規則および自主規制機関の定める規則の内容をみていくこととする。

（2）投資助言と投資推奨

　個人顧客に対する個別の投資助言について，投資アドバイザーおよびブローカー・ディーラーに課される規制の内容をみる前に，それらの規制が対象としている行為がどのようなものであるかと確認しておく。

　投資アドバイザーの定義は，Ⅱ1でみたとおり，有価証券の価値もしくは有価証券の投資・購入・売却について，対価を得て，直接に，または出版物等を通じて，他人に助言する業務に従事する者，または，対価を得て業務として有価証券に関する分析もしくは報告書を発行・公表する者である。SEC

---

19) たとえば，In the Matters of Richard N. Cea, et al., Exchange Act Release No. 8662 (Aug. 6, 1969) において SEC は，過当取引および合理的な根拠を欠く投機的取引の推奨が詐欺禁止規定に違反するとしている。

20) FINRA Rule 2010 ; NASD Interpretive Material 2310-2.

は，他人に助言する業務に従事するというためには，特定の投資助言（spe-cific investment advice）をするのでなければならないと解釈している。「特定の投資助言」については，特定の証券または特定のカテゴリーの証券（たとえば，投資信託，医療技術関連株式等）に関する推奨，分析，または報告書が含まれ，顧客の資産の一定割合を生命保険，債券，投資信託，MMFなどに配分するよう勧めることも含まれるとされている。一方，有価証券，生命保険，現物資産等への資産配分に関する一般的な推奨に限定されたアドバイスは「特定の投資助言」に含まれないとされている[21]。

　また，ブローカー・ディーラーとの関係においては，①不特定多数の者に配布された書面の交付または不特定多数の者に対してされた口頭の説明，②特定の個人・口座の目的またはニーズを満たすことを意図していない説明，③特定の証券の投資上のメリットに関する意見表明を含まない統計情報の発行は，投資アドバイザーとしての行為に該当しないとされている[22]。裏を返せば，投資顧問法の規制対象となる投資助言は，特定の個人の目的またはニーズを満たすことを意図した投資助言サービス（personalized Investment Advice）であると解することができる。

　ブローカー・ディーラーに対する行為規制が課されるのは，ブローカー・ディーラーが顧客に対して「推奨（recommendation）」に該当する行為をする場合である。推奨に該当する行為があったか否は，問題とされる局面の事実と状況しだいであり，明確な線引きはできないとされている。推奨に該当する行為があったかどうかの判断においては，顧客との間のコミュニケーションが「行動を喚起するもの」であるか，顧客に対して特定の取引を行なう，または特定の取引戦略を採用するよう「影響を与える合理的な可能性」があるかが考慮される[23]。また，ある（類型の）証券について，特定の顧客

---

21) 1092 Release, supra note 8, at 8-9. 本リリースは，フィナンシャル・プランナー等に対して，投資アドバイザーの登録なしに顧客に提供することができるアドバイスの範囲を明確にすることを意図したものである。

22) Advisers Act Rules 206 (3)-1.

または対象となる顧客グループに対するコミュニケーションが，その顧客の
ニーズ等に合うよう個別に調整されているほど，そのコミュニケーションが
「推奨」にあたる可能性は高くなるとされている[24]。

（3）適合性義務

　投資アドバイザーがフィデューシャリーとして負う注意義務には，顧客の
最善の利益となる投資アドバイスを提供する義務（顧客に適合したアドバイ
スを提供する義務を含む）が含まれる。そのようなアドバイスを提供するた
め，投資アドバイザーは，顧客の目的を合理的に理解しなければならず，そ
の一環として個人顧客の投資プロフィール（顧客の財産の状況，金融習熟度，
投資経験，金融取引の目標）を理解しなければならない。個人顧客の目的を
合理的に理解するため，投資アドバイザーは，少なくとも個人顧客の投資プ
ロフィールについて合理的な調査を行なわなければならない。たとえば，個
人顧客のために包括的なファイナンシャル・プランを提供する投資アドバイ
ザーは，顧客の現在の収入，投資，資産，負債の状況，配偶者の有無，納税

---

23) Michael Frederick Siegel, 2007 NASD Discip. LEXIS 20 (May 11, 2007).

24) スタッフレポートによれば，一般に「推奨」にあたるされる顧客とのコミュニケーションとし
　て以下のものがある。
　① 対象となる顧客（グループ）に向けられた特定の顧客に証券の購入または特定の取引戦略の
　　採用を勧める個別のコミュニケーション
　② 特定のセクターの株式に投資すべきであると述べ，買い推奨リストから1つ以上の銘柄を購
　　入するよう促すこと
　③ 顧客が入力した投資目的その他当該顧客固有の情報にもとづいて，顧客に買いまたは売りの
　　推奨銘柄リストを作成するポートフォリオ分析ツールの提供
　④ 顧客の金融取引またはオンラインのアクティビティを分析し，証券を購入または売却するよ
　　う個別の投資提案をする技術の提供
　　　一般に「推奨」に該当しないとされる可能性が高いコミュニケーションの例として以下のも
　　のがある。
　① リスク・リターン，分散投資，ドルコスト平均法，複利リターン，税控除などの基本的な投
　　資概念，標準的な市場インデックスにもとづく資産クラス（株式，債券，現金など）ごとの過
　　去のリターンの差異，インフレの影響などの一般的な金融情報・投資情報の提供
　② 一般に認められた投資理論にもとづく資産配分モデルによる情報提供であって，資産配分モ
　　デル（により作成されたレポート）に対する合理的な投資家の評価に影響をおよぼしうるすべ
　　ての重要な事実および前提が開示されているもの（スタッフレポート124〜135頁参照）。

の状況，保険契約の内容，金融取引によって達成しようとしている目標など，顧客に関する様々な情報を入手する必要がある。

　さらに，投資アドバイザーは，個人顧客の状況の変化を反映して助言の内容を調整するため，個人顧客の投資プロフィールを更新する必要がある。要求される更新の頻度は，状況によって異なるが，たとえば，継続的に助言を提供することとなっているファイナンシャル・プランの場合，関係する税法の改正があった場合や，個人顧客が退職したことなどを投資アドバイザーが知った場合に，新たな調査を行なう義務が生じうる[25]。

　投資アドバイザーは，提供する助言が顧客の目的に照らして，顧客の最善の利益に資するという合理的な確信をもたなければならない。助言が顧客の最善の利益となるかどうかは，顧客のポートフォリオと顧客の目的との関連において評価される。たとえば，助言を提供している顧客の投資目的が保守的なものである場合，顧客のポートフォリオの金利リスク等ヘッジするために特定のデリバティブ取引を利用するという助言であれば顧客の最善の利益に適うと判断しうるが，同じデリバティブ取引であってもヘッジ目的での利用でないときには，顧客の最善の利益にならない可能性がある。また，主として洗練された投資家による短期取引のためのツールとして設計された複雑な金融商品（レバレッジがかかったETFやインバース型ETF等）は，個人顧客にそのような短期取引等の目的がないかぎり，最善の利益にならない可能性があり，かりに最善の利益になるとしても，投資アドバイザーには，顧客のポジションの日々のモニタリングが要求される[26]。

　投資助言が顧客の最善の利益に適うと合理的に確信するため，投資アドバイザーには，著しく不正確または不完全な情報にもとづいて助言を行なうことのないよう，投資対象について合理的な調査を行なうことも要求される[27]。

---

25) Commission Interpretation Regarding Standard of Conduct for Investment Advisers, Investment Advisers Act Release No. 5248 (July 12, 2019) at 12-14.
26) Id., at 16.

　ある証券（を含む投資戦略）が顧客の最善の利益に適うか否かを判断する際に考慮すべき要因として，投資目的，流動性，リスクと潜在的リターン，ボラティリティ，時間軸，退出コストなどがあるが，投資助言に関連する費用（手数料・報酬を含む）も最も重要な要因の一つとされる。類似の投資商品を検討する際，投資アドバイザーは最も低コストの投資商品を推奨することを要求されるわけではない。また，費用・報酬以外の要因を分析することなく，顧客にとってコストが最も低い（または投資アドバイザーにとって報酬が最も低い）投資商品に投資するよう助言するだけでは，顧客の最善の利益に適うとはいえないとされている[28]。

　Ⅱ2（1）でみたとおり，ブローカー・ディーラーは，詐欺禁止規定から導かれる公正取引義務を負うとされており，これにより顧客に適合しない推奨を行なってはならないとされている[29]。ブローカー・ディーラーの推奨の適合性については，判例，SEC および自主規制機関による法執行において，合理的根拠適合性，特定顧客適合性，量的適合性という３つのアプローチが展開されてきた[30]。

　合理的根拠適合性からは，ブローカー・ディーラーが，自らが行なう有価証券または投資戦略の推奨について，それが顧客に適合すると信じることができる合理的な根拠をもつという積極的な義務が導かれる[31]。これにより，ブローカー・ディーラーには，推奨する有価証券または投資戦略について調査し，十分な情報をもつことが要求される。

　特定顧客適合性により，ブローカー・ディーラーは，顧客の経済的状況やニーズ，および顧客がすでに保有している証券（ブローカー・ディーラーが

---

27) Id.

28) Id., at 17.

29) Hanly v. SEC, 415 F.2d 589, 596 (2d Cir. 1969).

30) ３つの適合性については，加藤貴仁「デリバティブ取引の投資勧誘規制【米国】」日本取引所金融商品取引法研究第１号（2015年）194頁，195頁以下も参照。

31) Hanly v. SEC, supra note 29, at 597 ; F.J. Kaufman and Co., Exchange Act Release No. 27535 (Dec. 13, 1989) ; FINRA Rule 2111.05 (a).

把握している範囲のもの）等の情報（投資プロフィール）にもとづいて推奨を行なうことを要求される[32]。また，特定顧客適合性をみたす推奨をする前提として，ブローカー・ディーラーは，顧客の投資プロフィールに関する情報を入手し，その情報を最新に保つため調査を行わなければならないと解されている[33]。

量的適合性は，顧客口座をコントロールしているブローカー・ディーラーに対し，一定期間内に推奨する取引の回数が，顧客の投資プロフィールに照らして総合的に判断した場合に，過当なものではなく，顧客に適合しないものではないと信じる合理的な根拠をもつことを要求する[34]。

（4）利益相反の開示

投資アドバイザーは，顧客との関係におけるフィデューシャリーとしての地位にもとづき，中立（disinterested）とはいえない助言を提供するインセンティブを生じさせうるすべての利益相反を除去するか，少なくともそれを開示するために必要なあらゆる重要な情報を顧客に完全に開示しなければならないとされている[35]。投資アドバイザーは，（潜在的な）顧客に対して，会社パンフレット（firm brochure）を交付しなければならない[36]。会社パンフレットに記載される情報[37]は，投資アドバイザーと顧客との間の利益相

---

32) NASD Rule 2310 (a).
33) NASD Rule 2310 (b) ; FINRA Rule 2111 (a).
34) FINRA Rule 2111.05 (c).
35) SEC v. Capital Gains Research Bureau, Inc., 375 U.S. 180, 191-192 (1963).
36) Advisers Act Rule 204-3.
37) 会社パンフレットに記載される事項は，投資アドバイザーが SEC に提出しなければならない Form ADV の Part2A に記載される事項と同じである。具体的には，報酬・手数料については，カストディアン手数料やブローカーに支払う仲介手数料など，助言サービスに関連して顧客が支払う可能性のある手数料・費用を説明しなければならないとされている。また，投資アドバイザーが，顧客への証券その他の投資商品の販売について報酬を受け取っている場合は，その事実を開示し，その事実が利益相反をもたらし，顧客のニーズではなく，アドバイザーが受け取る報酬を考慮して投資商品を勧めるインセンティブが生じることを説明しなければならない。さらにこの利益相反への対処方法（投資信託であればノーロードの商品を勧めるかどうか）を記載しなければならない。

反に対処するためのものであるとされるが[38]，パンフレットを交付しただけでは上記のフィデューシャリーとしての利益相反の開示義務を果たしたことにはならない場合があるとされている[39]。

　ブローカー・ディーラーについては，たんに顧客の注文の執行だけを行なっている場合には，執行した注文にかかる取引の成立に関連する情報を顧客に提供すれば足り[40]，取引対象の証券についてブローカー・ディーラー自身が有している経済的利益に関する情報を提供することは要求されない[41]。これに対し，証券取引を推奨する場合には，ブローカー・ディーラーは誠実かつ完全な情報を提供しなければ責任を負う可能性がある[42]。また，ブローカー・ディーラーが認識している自身にとって不利となる重要な事実を開示しない場合にも責任を負う可能性があり，不利となる事実には推奨に影響を及ぼしうるブローカー・ディーラー自身の経済的利害関係も含まれるとされている[43]。具体的には，ブローカー・ディーラーが推奨する証券のマーケットメイカー業務に従事していること[44]，推奨する投資信託（mutual fund）からブローカー・ディーラーが報酬を受け取っていること[45]を開示しなけれ

　　また，顧客に他の投資アドバイザーを推薦する場合であって，当該アドバイザーから重大な利益相反を生じさせるような報酬を受け取るとき，または重大な利益相反を生じさせるようなビジネス関係が当該アドバイザーとの間に存在するとき，そのことを説明し，そこから生じうる重大な利益相反とその対処方法について説明しなければならない。

　　さらに，顧客の金融商品取引についてブローカーを推薦するとき，ブローカーに支払う手数料の妥当性を検討するときに考慮する事項も記載しなければならない。または顧客の取引に関連して，ブローカーまたは第三者から，商品または注文の執行以外のサービス（リサーチ等のソフト・ダラー・ベネフィット）を受ける場合は，その事実を顧客に開示し，そこから生じる利益相反について議論しなければならないとされている。

38）Amendments to Form ADV, Investment Advisers Act Release No 3060 (July 28, 2010) at 9.

39）Advisers Act Rule 204-3 (f).

40）Press v. Chemical Inv. Servs. Corp., 166 F.3d 529, 536 (2d Cir. 1999).

41）See, e.g., Canizaro v. Kohlmeyer & Co., 370 F. Supp. 282, 289 (E.D. La. 1974), aff d, 512 F.2d 484 (5th Cir. 1975).

42）See, e.g., De Kwiatkowski , 306 F.3d 1293, 1302.

43）In the Matter of Richmark Capital Corp., Exchange Act Release No. 48758 (Nov. 7, 2003).

44）Chasins v. Smith, Barney & Co., 438 F.2d 1167, 1172 (2d Cir. 1970).

45）In re AIG Advisor Group, 2007 WL 1213395, at 7-9 (E.D.N.Y. Apr. 25, 2007), aff d, 390 Fed. Appx. 495 (2d Cir. 2009).

ばならないと判示されている。さらに，ブローカー・ディーラーが種類の異なる複数の投資信託を推奨する場合，それぞれの種類の投資信託にかかる費用，手数料，およびそれらが予想投資収益にどのように影響するかを開示しなければならないとされている[46]。

取引所法規則10b-10は，ブローカー・ディーラーに対し，ブローカー・ディーラーが代理人として行動しているのか，あるいは自己勘定で本人として行動しているのかを記載した書面を取引の完了までに顧客に交付しなければならないとしている。ブローカー・ディーラーが本人として行動している場合には，マーケットメイカーとして行動しているか否かも記載しなければならない。マーケットメイカーとして行動するのでない場合には，顧客の買い注文に対当するために証券を買い付けた価格と顧客への売却価格の差額（または顧客の売り注文に応じて買い付けた価格とその証券を他者に売却した価格との差額）を記載しなければならない。さらに，顧客との取引に関連してブローカー・ディーラーが受け取る（または受け取る予定の）報酬の出所および金額も記載しなければならない。

取引所法規則15c1-5および15c1-6は，ブローカー・ディーラーに対し，ブローカー・ディーラーが顧客に提供する有価証券またはその有価証券の発行体について，支配権または利害関係を有している場合には，その事実を顧客に書面で開示することを要求している。

（5）報酬・手数料に関する規制

投資アドバイザーは，どのような形で投資助言サービスの対価を得ているかを，顧客に交付する会社パンフレットに記載しなければならない[47]。そこでは，顧客に提供する投資助言サービスに関連して，顧客が支払う可能性のある仲介手数料，カストディフィー，ファンド費用などの費用の種類を説明

---

46) In the Matter of Michael Flanagan, et al., Exchange Act Release No. 4997983 (July 7, 2004).
47) Form ADV, Part 2A, Item 5A.

することが求められる[48]。SEC は，フィデューシャリーたる投資アドバイザーが顧客から受け取る報酬・手数料は公正かつ合理的なものでなければならず，手数料等が他の同種同規模のアドバイザーの手数料等より高い場合，そのことを開示しなければならないとの見解を示している[49]。

　また，上述の利益相反の開示の一環として，投資アドバイザーが有価証券またはその他の投資商品の販売に起因して報酬を受け取っている場合には，その事実およびそのことから生じうる利益相反を開示し，その利益相反にどのように対処するかを説明しなければならない。さらに，投資アドバイザーが推奨した有価証券または投資商品を，投資アドバイザーと提携していないブローカーから購入することができることも開示しなければならない[50]。

　投資顧問法205条（a）（1）は，投資アドバイザーが，顧客の資産のキャピタルゲインまたは増加分の一部を報酬とすること，すなわちパフォーマンスフィーを受け取る契約の締結を，原則として禁止している[51]。この規定は，投資アドバイザーが，顧客の資金で過剰なリスクをとる，または投機をするインセンティブを生じさせうる報酬形態を排除することを意図したものである。

　ブローカー・ディーラーが顧客との間で取引する有価証券の価格およびブローカー・ディーラーが顧客に提供するサービスの報酬は，公正かつ合理的なものでなければならないとされている。これにより，ブローカー・ディーラーが顧客との間で，有価証券の市場価格と合理的に関連しない価格で取引を行うこと，または合理的でない手数料を請求することは禁止される[52]。

48）Form ADV, Part 2A, Item 5C.
49）スタッフレポート40頁。
50）Form ADV, Part 2A, Item 5E.
51）機関投資家および一定額以上の資産を有する個人顧客との間では，例外的にそのような報酬形態を採用することも許される（投資顧問法205条（b））。
52）NASD Rule 2440；FINRA, IM-2440-1 and IM-2440-2.

3　RBI による規制の調和

（1）RBI の概要

　スタッフレポートは，投資アドバイザーに対する規制とブローカー・ディーラーに対する規制にⅡ2でみたような差異があることを踏まえて，両者が提供する投資助言サービスについて，統一的な規制を課すことを提案していた。具体的には，顧客との関係においてフィデューシャリーの立場に立つ投資アドバイザーが服している規律と同等の規律をブローカー・ディーラー（による投資推奨）にも課すことを提案するものであった[53]。しかし，RBIは，両者に共通の規律を定めるのではなく，ブローカー・ディーラーのみを対象とした規律を定めたものとなっている。これは，ブローカー・ディーラーのビジネスモデルは，あくまで取引ごとに顧客との関係が完結することを建前としており，投資アドバイザーのように顧客との継続的な関係の構築が前提となるわけではないこと，ブローカー・ディーラーと顧客の取引には顧客の注文を執行するだけのものもあり，つねに投資推奨[54]をともなうわけはないことなど，両者のビジネスモデルの違いに配慮した結果であると説明されている[55]。

　RBI は，ブローカー・ディーラー（ブローカー・ディーラーと関連性を有する自然人を含む）は，個人顧客に対して，有価証券の取引または投資戦略の推奨を行なう場合には，その推奨を行なうブローカー・ディーラーの経済的利益またはその他の利益を，個人顧客の利益に優先させることなく，当該推奨を行なう時点における個人顧客の最善の利益のために行動しなければならないと定めている[56]。そして，開示義務，注意義務，利益相反に関する義務および PBI 遵守義務の4つの義務を定め，それらの義務を履行した場合

53）スタッフレポート109〜110頁。

54）RBI は，ブローカー・ディーラーが顧客に対して推奨に該当する行為を行なった場合にのみ適用される（松元・前掲（注7）297頁参照）。「推奨」の意義については，Ⅱ2（2）参照。

55）松元・前掲（注7）304〜305頁参照。

56）17 CFR § 240.15l-1（a）（1）.

に顧客の最善の利益のために行動したことになるとしている。

　以下では，Ⅱ2でみた適合性義務および利益相反の開示に関連する点を中心にRBIの内容をみていくこととする。

（2）注意義務（duty of care）

　RBIが定める注意義務は，従来，自主規制等においてブローカー・ディーラーに課されていた適合性義務をSEC規則に取り込むとともにその内容を拡充したものであると説明されている[57]。ブローカー・ディーラーが，顧客に推奨を行なう際に合理的な注意を用いることを要求されている3つの事項は，それぞれ合理的根拠適合性，特定顧客適合性および量的適合性に相当するものであり[58]，推奨が顧客に適合することを要求していたところが，顧客の最善に利益に適うことを要求するものに修正されている。このように修正されたことにより，たとえば，ブローカー・ディーラーが提供している有価証券に，顧客にとって同じ内容・条件のものが複数ある場合に，その証券の取引について顧客が負担する費用が高いものを推奨することは，RBIの定める注意義務に反することになるとされる[59]。

　さらに合理的根拠適合性および量的適合性について，推奨が，個人顧客の最善の利益に適うと信じる合理的な根拠に加えて，推奨を行うブローカー・ディーラーの経済的利益またはその他の利益を個人顧客の利益に優先させるものではないと信じる合理的な根拠をもつことも要求される点が注目される。

57）松元・前掲（注7）301頁参照。

58）17 CFR §240.15l-1 (a)(2)(ii)(A) は合理的根拠適合性に，同（B）は特定顧客適合性に，同（C）は量的適合性に相当する。なお，従来の量的適合性は，ブローカー・ディーラーが顧客の口座での取引を支配している場合に要求されるものであったが，RBIにおけるそれは口座の支配が認められてない場合にも要求されるという点で拡充されている（松元・前掲（注7）302頁注52参照）。

59）松元・前掲（注7）301頁参照。

（3）利益相反の開示と回避

　開示義務は，ブローカー・ディーラーに対して，顧客への推奨に関連する利益相反に関するすべての重要な事実を開示することを求めている[60]。この規定によって開示が要求される例として，ブローカー・ディーラーが特定の金融商品を顧客に提示する選択肢に加えることで，当該金融商品の組成者等から支払いを受けていること，あるいは，ブローカー・ディーラーが特定の金融商品を販売することで，当該金融商品の組成者から支払いを受けていることがあげられている。さらに，推奨を行なうブローカー・ディーラーが属する会社またはその関連会社が発行・組成する商品を，顧客に推奨することによって生じる利益についても利益相反として開示が要求される[61]。

　RBI は，さらに利益相反に関する義務として，顧客への推奨に関連するすべての利益相反を特定し，少なくとも開示義務に従って開示するか，さもなければ除去するために合理的に設計された方針・手続きを定めて運用することを要求している[62]。また，ブローカー・ディーラーに関連する自然人（従業員等）が，個人顧客の利益よりもブローカー・ディーラーまたは当該自然人の利益を優先するインセンティブを生じさせる利益相反を特定し，緩和するための方針・手続きの制定・運用も求められる[63]。この利益相反については，開示するだけでは足りず，緩和することも求められているのが特徴である[64]。

　さらに，個人顧客に推奨することができる有価証券（を含む投資戦略）に課される重要な制限，および当該制限に関連する利益相反を特定し，開示するための方針・手続き，および当該制限とそれに関連する利益相反のゆえにブローカー・ディーラー（に関連する自然人）が個人顧客の利益よりもブローカー・ディーラー等の利益を優先する推奨を行なうことを防止するため

60）17 CFR §240.15l-1 (a)(2)(ⅰ)(B).
61）松元・前掲（注7）300頁参照。
62）17 CFR §240.15l-1 (a)(2)(ⅲ)(A).
63）17 CFR §240.15l-1 (a)(2)(ⅲ)(B).
64）松元・前掲（注7）303頁参照。

の方針・手続きの制定・運用が求められている[65]。ここにいう「重要な制限」とは，たとえばブローカー・ディーラーが顧客に推奨する金融商品が，自社またはその関連会社が発行・組成した金融商品に限定されているというように，ブローカー・ディーラーが扱っている金融商品の範囲の制限を意味する。これは，ブローカー・ディーラーが，自社および関連会社の金融商品に偏ったラインナップをする例が多いことに着目し，そのことから生じる利益相反に対処するためのものと説明されている。ここでも，利益相反について，開示するだけでは足りず，防止するための手続き等の制定・運用が求められている点が特徴的である[66]。

Ⅲ　おわりに

　以上のとおり，アメリカにおいて RBI 制定前に問題とされた，投資アドバイザーおよびブローカー・ディーラーに対して個人顧客に個別の投資助言をする際に課されるの規制の差異とその差異に起因する問題と，RBI がその問題にどのように対処しようとしているのかをみてきた。アメリカにおける規制上の課題や，それを巡る議論の状況は，近時の日本におけるそれらとかなりの部分で似通っていることが確認できた。

　「金融サービスの提供等に係る業務を行う者」に共通する義務として，顧客等の最善の利益を勘案しつつ，業務を遂行する義務が定められることとなった日本において，今後，当該義務の実効的なエンフォースメントを考えるうえで，アメリカの議論から得られる示唆は少なくないと考えられる。思いつくままにあげると，RBI が，顧客への投資推奨に際して，顧客の最善の利益に適うよう行動しなければならないとするプリンシプルベースの規定と，それを補完する具体的な開示規制・行為規制というルースベースの規定

65）17 CFR §240.15l-1 (a)(2)(ⅲ)(C).
66）松元・前掲（注7）303〜304頁。

を SEC 規則という法令として定めていることがある。

　ルールベースの規定は，とくに業者と顧客との間の利益相反に着目し，原則としてそれを開示させることとしつつ，一定の範囲の利益相反については，それを緩和し，または防止するための手続き・体制の整備を業者に対して要求している。利益相反の開示等の前提として，顧客への個別の投資助言・投資推奨に際して生じうる利益相反を特定することが必要となるが，この点については，従来，SEC および自主規制機関による関連規定の解釈およびエンフォースメントを通じて，豊富な具体例が蓄積されている。それら（とくに RBI において明文化されたブローカー・ディーラーが扱う金融商品の範囲の限定から生じうる利益相反）は今後の日本の立法と規制の執行において参考になると思われる。

　アメリカでは，ブローカー・ディーラーによる投資推奨と投資アドバイザーによる投資助言は，顧客からみれば同等のサービスであるといえることを正面から認めて，両者に同等の規制を課すことを目指している点も参考にすべきであろう。日本では，投資助言業者による投資助言と，ブローカーによる投資勧誘とは別物であり，それぞれの特性に応じた規制を課すべきであるとの考えが根強いように感じられる。

　今後は，これらの示唆をもとに，最善利益義務の運用の在り方およびそれを補完するルールについて研究を進めたい。

インサイダー情報の発生時期・再考

宮　下　　央

I　検討の経緯

　インサイダー取引に係る金融庁の課徴金納付命令を取り消したモルフォ事件（東京地判令和3年1月26日及び東京高判令和3年11月24日）は，インサイダー取引の基本的な要件に係る事実認定において，いくつか興味深い点があり[1]，その決定内容は実務家の注目を集めた。それらの事実認定のうち，判決は，「業務執行を決定する機関」による「決定」の時期について，金融庁（課徴金審判決定）とは異なる事実認定をし，課徴金納付命令を取り消す判断をしたが，本稿では，もう1つの論点であった「業務執行を決定する機関」についての事実認定に着目し，改めてその意義を検討することとしたい。

II　本稿の問題意識

　インサイダー取引規制の対象となるインサイダー情報には，会社の業務等に関する重要事実（金融商品取引法166条1項）と公開買付け等に関する事実（金融商品取引法167条1項）があるが，会社の業務等に関する重要事実

---

[1]　同裁判例において，最も大きな論点となったのは，「業務上の提携」を「行うことについての決定」の時期である。同裁判例は，この点について，日本織物加工事件最高裁判決（最判平成11年6月10日刑集53巻5号415頁）を引用しつつ，「一般投資家の投資判断に影響を及ぼす程度に具体的内容を持つものでなければならない」という，日本織物加工事件最高裁判決においては直接的には言及されていなかった判断基準を示したが，この点は，これまでの判例に比して，より実現可能性があることを求めているようにも見えるなどと指摘されている（資料版商事法務445号117頁）。

のうち，会社の決定に係る重要事実（いわゆる決定事実）は，会社の「業務執行を決定する機関」が金融商品取引法166条2項1号に掲げられた事項（以下「各号列記事項」という。）について「決定」をしたことがこれに該当する。また，公開買付け等に関する事実についても，公開買付け等を行う主体が法人である場合は，「業務執行を決定する機関」が公開買付け等の実施について「決定」をしたことがこれに該当する。

そこで，「業務執行を決定する機関」の意味するところが重要となるが，これについては，形式的に会社法上の決定権限を有する機関だけではなく，「実質的に会社の意思決定と同視されるような意思決定を行うことのできる機関」を意味するとされるところ（日本織物加工事件最高裁判決）[2]，これは会社により，また決定する事柄により異なると考えられることから，実態に照らして個別に判断するものとされる。

また，「決定」とは，各号列記事項を行うこと自体についての決定だけではなく，それに向けた作業等を会社の業務として行う旨を決定することを含むとされる[3]。

---

2) 同判決の以前から，インサイダー取引規制についての定評のある文献においては，例えば，横畠裕介『逐条解説インサイダー取引規制と罰則』52頁（平成元年，商事法務研究会）は，「『業務執行を決定する機関』とは，取締役会，経営会議，常務会あるいは取締役会の委任を受けた取締役（通常は代表取締役）をいう。会社の内部で具体的にいかなる機関が業務執行を決定するかは，会社により，また決定する事柄によって異なるものと考えられ，当該会社における意思決定の実情に照らして個別に判断される。」とし，旧商法260条2項により取締役に委任できない事項についても「当該会社において取締役会の委任を受けて取締役が実質的に決定しているとすれば，…『業務執行を決定する機関』の決定に当たると解する。」としていた。

3) おなじく，日本織物加工事件最高裁判決。また，前掲注2・横畠52頁は，合併を例に，「合併そのものではなく，具体的に特定された合併の実施に向けての調査や準備，交渉等の諸活動を当該会社の業務として行うという決定…であっても当該合併を行うことについての決定がなされたものといえる。」とする。同じく，インサイダー取引規制についての定評のある文献である平野龍一編『注解特別刑法　補巻（2）』221頁（1996年，青林書院）も，合併を例として，「会社の取締役会，常務会等の業務執行を決定する機関において，合併を行うことについて決定したことが重要事実とされるのである。取締役会等で決定されるのは，合併そのものではなく，具体的な合併実施に向けての調査，準備，交渉等の作業を会社の業務として行うことの決定であるが，そのような決定でも投資者の投資判断に影響を及ぼすことから，『行うことについての決定』を重要事実として規定したものである。」としている。

これらの解釈自体については，学説上も実務上もほとんど異論がないと思われるが，「業務執行を決定する機関」に該当するかどうかを判断する際の基準である「実質的に会社の意思決定と同視されるような意思決定を行うことのできる機関」でいうところの「意思決定」が，具体的に何についての意思決定を指しているのかということは，議論がなされていない。しかし，ここでいう「意思決定」の対象が何であるかによって，具体的にいかなる主体が「実質的に会社の意思決定と同視されるような意思決定を行うこと」ができるかは，変わるはずである。

モルフォ事件において問題となった重要事実である「業務上の提携」の検討に即してより具体的にいうと（以下でも，適宜，具体例として業務提携の場面を念頭に置いて説明する。），業務提携を行うこと自体についての意思決定を指しているのか（以下，このような解釈を，便宜上「限定的解釈」と呼ぶことにする。），あるいは，業務提携に向けた「作業等を会社の業務として行う旨」の意思決定のことを指しているのか（以下，このような解釈を，便宜上「非限定的解釈」と呼ぶことにする。）という問題である。「決定」の意義が，「それに向けた作業等を会社の業務として行う旨を決定することを含む」とされる以上，「業務執行を決定する機関」に該当するかどうかを判断する際の「意思決定」についても同様の意義であると解するのが自然であるようにも思われるが，業務執行を決定する機関の「決定」がどのような意義であるかということと，「業務執行を決定する機関」の該当性を判断するうえで，どのような決定権限を有していることを要件とするのかというのは，別の問題である。

この点について，限定的解釈のように考えると，業務提携を行うこと自体についての意思決定について，「実質的に会社の意思決定と同視されるような意思決定を行うことのできる」主体は相当限られるであろうから，インサイダー取引が成立する範囲は狭まるのに対し，非限定的解釈のように考えると，業務提携に向けた「作業等を会社の業務として行う旨」の意思決定を行うことができる主体はある程度幅広いと考えられるため，インサイダー取引

が成立する範囲は大きく拡大する可能性がある。

Ⅲ　検討

1　裁判例

　検討の出発点として，まず，裁判例をもう少し詳細に確認する。

　「業務執行を決定する機関」の意義についての著名な判例である日本織物加工事件最高裁判決は，会社法上は取締役会に決定権限がある新株発行について，代表取締役社長個人が「業務執行を決定する機関」に該当するかどうかという点について，業務執行を決定する機関は「商法所定の決定権限のある機関には限られず，実質的に会社の意思決定と同視されるような意思決定を行うことのできる機関であれば足りると解される」「社長は，Ａの代表取締役として，第三者割当増資を実施するための新株発行について商法所定の決定権限のある取締役会を構成する各取締役から実質的な権限を付与されていたものと認められるから，「業務執行を決定する機関」に該当するものということができる。」と判示している。また，同判決の調査官解説[4]においては，「法律上，日本織物加工の取締役会の決議（商法280条の2第1項本文）がなければ，第三者割当増資をなし得ないことは明らかであるが，社長は，実質的にはそのような意味合いをもつ取締役会の決定権限に対応するような事実上の決定権限を与えられていたと理解することができるであろう。」と説明されている。

　判決から直接的に限定的解釈・非限定的解釈のいずれかが導かれるわけではないものの，判決は，新株発行を行うこと自体の（実質的な）決定権限の存在を認定しているため，限定的解釈を前提とした判断がなされているように見える。調査官解説の説明も同様に，新株発行を行うこと自体の（実質的

4）最高裁判所判例解説刑事編（平成11年度）（平成14年，法曹会）97頁

な）決定権限の有無を問題としている。

　一方，同じく著名な判例であるライブドア事件最高裁判決（最判平成23年
6月6日）においては，代表取締役兼最高経営責任者及び取締役兼最高財務
責任者の2名を「業務執行を決定する機関」に該当すると判示するにあたり，
「Eは，本件当時，株式会社Fの代表取締役兼最高経営責任者として，同社
の業務全般を統括し，Gは，同社の取締役兼最高財務責任者であり，財務面
の責任者であった。」「上記…のとおりのF内におけるE及びGの立場等に
加え，記録によれば，E及びG以外のFの取締役2名は，いずれも非常勤
であり，E及びGに対し，その経営判断を信頼して，企業買収に向けた資
金調達等の作業の遂行を委ねていたと認められることに鑑みると，両名は，
C株の5％以上の買集めを行うことについて実質的にFの意思決定と同視
されるような意思決定を行うことができる機関，すなわち…「業務執行を決
定する機関」に該当するものということができ」と述べている。

　同判決においては，「業務執行を決定する機関」であるとされた2名の取
締役（上記E及びG）以外の取締役が，E及びGに対して，（5％以上の買
集めを行うこと自体についてではなく）「企業買収に向けた資金調達等の作
業の遂行」を委ねていたことに言及されているため，「それに向けた作業等
を会社の業務として行う」ことについての決定権限があることを指摘してい
るように見え，非限定的解釈を前提にしているように見える[5]。

　これらの著名な判例のほか，過去のその他の裁判例においても，この論点
について直接的に触れたものは見受けられない。

5）但し，E及びGの会社内における立場等にも触れているから，それらを総合して考えると，5％
　以上の買集めを行うこと自体についての（実質的な）決定権限があるということをいおうとして
　いる可能性もないわけではない。なお，弁護人は，上告趣意において，日本織物加工事件最高裁
　判決では，「業務執行を決定する機関」に該当するかどうかについて，「取締役会を構成する各取
　締役から実質的な決定を行う権限を付与されている」ことをもって判断しているのに対し，原判
　決はその検討をしておらず判例違反があると主張したが，最高裁判決は，本文のように述べた。
　弁護人が問題としたのは，5％以上の買集めを行うこと自体の判断について権限を付与されてい
　たかということであると推測されるが，最高裁判決は，「企業買収に向けた資金調達等の作業の
　遂行」を委ねていたことを指摘したのみであった。

　なお，本稿の検討の経緯となったモルフォ事件においては，裁判所は，代表取締役社長であるＡが，資本業務提携について「業務執行を決定する機関」に該当するかどうかについて，「Ａは，モルフォの創業者であり，モルフォ設立以降，代表取締役を務めていたこと及びＡは，モルフォの発行済み株式総数の約１割を保有する筆頭株主であったことからすれば，Ａは，他の取締役と比較してモルフォの意思決定について大きな影響力を有していたということができる。モルフォの担当者は，相手方との間の交渉経過や，相手方がモルフォに出資及び中長期的な協業を検討している旨を逐一Ａに報告しているほか，Ａは，本件提携に係る相手方からの資本提携に関する提案への回答を検討するに当たり，取締役会を招集したり，取締役全員を集めたりすることなく，交渉担当者と打合せを行い，相手方に対する回答内容を決めている。他方で，モルフォの内部規定等によってＡの権限が限定されていたことはうかがわれない。以上からすれば，モルフォにおいて，Ａは，相手方との「業務上の提携」について，実質的に会社の意思決定と同視されるような意思決定を行うことができる機関であったといえる。」と判示した（東京高判令和３年11月24日）。

　非限定的解釈を前提にした場合，単純に，Ａが，業務提携に向けた「作業等を会社の業務として行う旨」の決定権限を有していることを，会社の職務権限規程等から認定すれば足り[6]，Ａがモルフォの創業者であることや筆頭株主であることを認定する必要は必ずしもないため，これらに対する言及は，（Ａが会社において正式に承認された権限ではなく）事実上決定権を有していることを認定しようとしているように見え，限定的解釈を念頭に置いた事実認定を行っているように見える部分もある。しかしながら，限定的解釈を前提にした場合，判決で認定された事実から直ちにＡが業務提携を実

6）代表取締役は，日常の業務の決定について取締役会から一般に授権されていると考えられていることなどもあり（落合誠一編『会社法コンメンタール８－機関（２）』233頁〔落合誠一〕（2009年，商事法務）），代表取締役が，業務提携に向けた「作業等を会社の業務として行う旨」の決定権限を有していることは比較的容易に認定できると思われる。

施すること自体について「実質的に会社の意思決定と同視されるような意思決定を行うことができ」たと判断することはできないと思われるため，このことからすれば，非限定的解釈を前提としていると捉えた方が自然であると思われる。

このように，過去の裁判例においては，非限定的解釈を前提にした事実認定を行っているようにも見受けられる部分はあるものの，明示的にそのような解釈が示されているわけではない状況である。

2　検討

限定的解釈を前提にすると，例えば業務提携であれば，業務提携を実施すること自体についての意思決定について，「実質的に会社の意思決定と同視されるような意思決定を行うことのできる機関」だけが「業務執行を決定する機関」に該当することになるところ，会社法所定の権限を有する機関以外の機関がこのような実質的権限を有することは多いとはいえず[7]，かつ，そのような機関が（業務提携の実施についての最終決定ではなく）業務提携に向けた作業等（調査，準備，交渉等の諸活動）を会社の業務として行うに際して何らかの意思決定をするかは定かではないため（例えば，業務提携においては，その調査，準備，交渉等の諸活動を会社の業務として行うことは，担当役員や担当部署の責任者（例えば，「経営企画部長」や「新規事業開発室長」等）の判断により行われることも多いため，取締役会のような最終決定権限を有する機関が，わざわざ業務提携に向けた調査，準備，交渉等を行うことの決定をしないことも十分あり得る），結果として，インサイダー情報の発生時期は，全般的に遅くなる可能性が高い。

このことをもう少し掘り下げるために，具体的な企業運営の実態に照らして説明すると，限定的解釈を採った場合に「実質的に会社の意思決定と同視

7）このことは，業務提携の場合よりも，会社法上，決議機関が法定されている新株発行などを念頭に置いた方が分かりやすい。

されるような意思決定を行うことのできる機関」としては，伝統的に例として挙げられることが多い「ワンマン社長」や，経営会議などが考えられる。

　しかし，コーポレートガバナンスの重要性が強調される現在の企業経営において，「ワンマン社長」が，取締役会決議事項について実質的に会社の意思決定と同視できるような意思決定をできる会社は減少していると考えられるうえ，特に，昨今においては，取締役会における社外取締役の存在感の高まりにより，業務執行サイドの取締役が想定していたとおりに取締役会決議が行われない事例も増加しており，限定的解釈の下で，「実質的に会社の意思決定と同視されるような意思決定を行うことのできる機関」であるという認定をすることは容易ではないと思われる。加えて，取締役会決議事項について実質的に会社の意思決定と同視できるような意思決定権限を持った「ワンマン社長」や経営会議が存在する場合であったとしても，例えば業務提携の検討過程において，それらの機関がわざわざ業務提携に向けた調査，準備，交渉等の諸活動を行う旨の決定をすることなくそれらの活動が行われるということもごく自然に想定される。そのような状況において，「業務執行を決定する機関」の「決定」がないものとしてインサイダー情報が発生していないと取り扱われるとすると，「決定」の意味を実質的に解釈し，妥当な構成要件該当性の範囲を画そうとした判例の趣旨に反するであろう。

　一方で，非限定的解釈を採った場合，「業務執行を決定する機関」の範囲は極めて広範に及び得る。例えば，業務提携に向けた調査，準備，交渉等の諸活動を行うことの意思決定であれば，経営企画部や新規事業開発室のような業務提携を担当し得る部署は，業務提携の検討をすること自体が業務の一内容とされている以上，担当役員や上位の会議体の決定なく具体的な業務提携についての調査や検討を行うことも多いであろう。そのような場合，担当役員や上位の会議体の承認や指示がなかったとしても，業務提携に向けた作業等を会社の業務として行っていることは明らかであり，そのような活動を行うことの決定権限も会社から与えられていると考えられるため，非限定的解釈を徹底した場合は，担当部署における独自の検討の段階からインサイ

ダー情報が発生していると認定され得ることになる。しかし，このような解釈は「業務執行を決定する機関」が「決定」をしたことが重要事実に該当するとする条文の文言からの乖離が大き過ぎるように思われる。また，投資者の投資判断に及ぼす影響が類型的に軽微であるとはいえないものが重要事実として取り扱われていることから考えても[8]，類型的に実現性が不明確であると考えられる段階で一律にインサイダー取引規制の対象とすることが適当であるとも思われない。加えて，実務における一般的な認識とも一致しない可能性がある[9]。

　なお，条文解釈としては，非限定的解釈を採りつつも，「機関」という文言によって限定する考え方もあり得ると考えられ，会社法上の役員ではない場合には「機関」には該当しないことを示唆する見解も示されているが[10]，現在の企業実務において，特に，取締役ではない執行役員が果たしている役割の大きさを考えると（近年では，(取締役ではない)「執行役員社長」といった役職すら生じている），会社法上の役員（が含まれている場合）だけが「業務執行を決定する機関」に該当するということであるとすると，逆に範囲が

8）前掲注2・横畠50頁

9）日本取引所自主規制法人等の全国の証券取引所が2016年に実施した「全国上場会社インサイダー取引管理アンケート」（第4回）の調査報告書によれば，「ある重要プロジェクト（インサイダー取引規制上の軽微基準にはおよそ該当しないと予想されるものであり，いわゆるトップダウン型のプロジェクトではないものとします。）の実行について，以下の①〜⑧の経緯を経て，会社法所定の決定権限のある機関（一般的には取締役会）で決定された場合，貴社では通常はどのタイミングから重要事実として管理しますか？　①　担当部門（担当役員を含まない）における検討の開始　②　担当部門（担当役員を含まない）における決定　③　担当部門（担当役員を含む）における検討の開始　④　担当部門（担当役員を含む）における決定　⑤　経営トップ（いわゆる社長・CEO）による了承・決定　⑥　上級の会議体（例えば経営会議，常務会等。会社法所定の決定権限のある機関ではない）による検討の開始　⑦　上級の会議体（例えば経営会議，常務会等。会社法所定の決定権限のある機関ではない）による決定　⑧　会社法所定の決定権限のある機関（一般的には取締役会）による検討の開始　⑨　会社法所定の決定権限のある機関（一般的には取締役会）による決定　⑩　その他」という問に対し，①と回答した会社は全体の20.8％であるのに対し，③と回答した会社が26.8％，⑤と回答した会社が11.1％，⑥と回答した会社が8.1％存在する。なお，2011年に実施された第3回調査においては，①と回答した会社が17.8％，③と回答した会社が30.0％であったため，重要事実の発生時期について，より早く捉えるような傾向になっているとも考えられる。

限定されすぎてしまう可能性がある。

　このように考えると，限定的解釈も非限定的解釈も，形式的にそれを徹底すると，インサイダー取引の成立範囲が過度に限定されてしまうか，あるいは，広がり過ぎてしまうおそれがある。そのため，過去の裁判例で示された内容に沿いつつ，実社会における企業運営の実態とも整合的であり，かつ，インサイダー取引規制の趣旨に照らした適切な規制の範囲を導き得る折衷的な解釈が必要であるように思われる[11]。そして，そのような解釈の手がかりは，日本織物加工事件最高裁判決で示された，「決定」の意義にあるのではないかと思われる。

　改めて日本織物加工事件最高裁判決を見ると，同判例は，「決定」の意義を説くにあたって，単に「業務執行を決定する機関」が株式の発行に「向けた作業等を会社の業務として行う旨を決定したことをいう」のではなく，「右のような機関において，…決定したことをいう」としている。ここでいう「右のような機関」とは何を指しているかというと，同判例の事案では，「業務執行を決定する機関」であると認定された発行会社の社長が，「第三者割当増資を実施するための新株発行について商法所定の決定権限のある取締役会

---

10) 前掲注4・96頁は，「法は業務執行を決定する「機関」という商法上あるいは会社実務上既に熟した用語を用いているのであるから，その語義からする制約も認めるべきであり，会社の意思決定に事実上の影響を及ぼすにすぎない者又はその集団であるにとどまる限り，それを「機関」とすることはできないように思われる。例えば，会社内のプロジェクトチームであるとか，専門グループの決定など役員ではないものの決定などは，たとえ実質的にはそこで決せられているとしても，「機関」というには当たらないというほかないであろう。」としている。上記の文章が意図しているのは，会社法上の機関に該当する取締役ではない場合には，インサイダー取引規制上の「機関」に該当しないものとして取り扱うということではないかと思われるが，そのような前提で考えた場合，執行役員は会社法上の役職ではないため，インサイダー取引規制上の「業務執行を決定する機関」にも該当しないことになる。

11) インサイダー取引を規制する理由は，発行会社の役員等が一般投資家の知らない会社内部の特別な情報を知りながら売買を行うと，一般投資家と比べて著しく有利となり，そのような取引は極めて不公平であるため，これが放置されるとすれば，証券市場の公正性と健全性が損なわれ，一般投資家の証券市場に対する信頼が失われるという点にある（証券取引審議会「内部者取引の規制の在り方について」（昭和63年2月24日）参照）。したがって，類型的に見て，一般投資家と比べて著しく有利となるような状況かどうか，また，そのような取引が行われることが極めて不公平であるといえるような状況かどうかという点から判断されることになると考えられる。

を構成する各取締役から実質的な決定を行う権限を付与されていた」という事実関係があり，上記の「右のような機関」とは，直接的にはそのような機関を指している。したがって，日本織物加工事件最高裁判決においては，裁判所は，インサイダー取引規制上の「決定」を行うことができる機関とは，単純に当該事項に関する調査，準備，交渉等の諸活動を会社の業務として行うことについての決定権限があれば足りるとは考えておらず，より強い権限を有する主体を想定していたのではないかと推測される[12]。

　そのうえで，同判例は，「株式の発行に向けた作業等を会社の業務として行う旨」の決定がインサイダー取引規制上の「決定」とされるには，株式の発行の「実現を意図して行ったことを要する」としているところ，ある者の決定が，（その者の個人的な意思にとどまらず）会社として「実現を意図」して行ったものであるといえるためには，その者の役職・立場や権限から判断して，その者が当該事項に関する調査，準備，交渉等の諸活動を会社の業務として行うことについて決定した場合には，会社として当該事項の「実現を意図して行った」と評価し得る場合ではないかと考えられる。より具体的にいえば，形式的に調査，準備，交渉等の諸活動を会社の業務として行うことの決定権限を持っているというだけでは足りず，その者が当該事項に関する調査，準備，交渉等の諸活動を会社の業務として行うという決定をすれば，（会社の最終的な判断としては当該事項が実施されないことがあるとしても）実態として，基本的には当該事項を実施する方向で会社としての調査，準備，交渉等が進められていくといえるような役職・立場，権限を有する者である必要があると考えられる。

　そのような役職・立場，権限を有する者が，取締役に限られるのか，執行役員もそれに該当するのかということは，会社ごとに，また，決定の対象となる事項によって個別に判断することになると考えられるが，一般論として

---

12) この点は，判決の表現から当時の裁判所の考えを筆者が推測しているものであり，日本織物加工事件最高裁判決にそのような先例的意義があるという趣旨ではないことに留意されたい。

は，取締役や執行役員を含まない担当部署が検討をしているだけの段階では，会社として当該事項の実現を意図しているとまでは評価しがたいことが多いと考えられるため，そのような場合，当該担当部署は，インサイダー取引規制上の「業務執行を決定する機関」には該当しないということになろう。もっとも，この点は，実際の企業運営に照らして考えた場合，会社の規模や業種によっても大きく判断が異なり得ると考えられる。特に非常に企業規模が大きい会社や，特定の業種においては，肩書としては取締役や執行役員ではない担当部署の長である者（「部長」「室長」等）である者に大きな権限が与えられているようなことも見受けられる。

　このように，最終的にはあくまでも個別の事案ごとの判断にならざるを得ないところはあるものの，上に示したような一定の考え方に沿って，事例への当てはめを積み重ねていくことにより，共通認識を形成していくことはできると考えられる。インサイダー取引規制は，一面で，市場における活発な取引という本来望ましい経済活動に対して萎縮的効果を生じさせる側面もあるため，行政庁，市場関係者，法律専門家等における継続的な議論と検討により，共通認識を深化させ，そのような副作用ができるだけ生じないよう努めていくことが望まれるところである。

以上

アメリカにおける暗号資産規制の動向

河　村　賢　治

Ⅰ　はじめに

　私は，2018年11月21日に開催された金融商品取引法研究会で，「仮想通貨・ICO に関する法規制・自主規制」について報告を行った[1]。その後，日本を含め，この分野の議論や法執行・法整備が世界各国で進められている。本稿では，現時点（2023年夏）までにおける米国の状況のうち，証券規制を担当する米国証券取引委員会（SEC : Securities and Exchange Commission）と商品デリバティブ規制を担当する米国商品先物取引委員会（CFTC : Commodity Futures Trading Commission）の役割分担をめぐる状況をキャッチアップすることとしたい。具体的には，「Ⅱ」において，暗号資産の「商品（commodity）」該当性や商品スポット取引における CFTC の規制権限を理解する上で重要な My Big Coin 事案（この事案は上記研究会でも紹介したが本稿でもあらためて取り上げる），「Ⅲ」において，暗号資産の「証券（security）」該当性，より具体的には「投資契約（investment contract）」該当性が問題となった一例である Ripple 事案と，当該事案で示された判事の見解に異が唱えられた Terraform 事案，「Ⅳ」において，SEC と CFTC の役割分担をめぐる議論や法案の動向などの一部を取り上げる。なお，本稿では，資金決済に関する法律2条14項で厳密に定義された「暗号資産」の意味では

1）河村賢治「仮想通貨・ICO に関する法規制・自主規制」金融商品取引法研究会研究記録第67号（2019年3月）。

なく，暗号技術を用いたデジタル資産という程度の広い意味で「暗号資産」という用語を用いる。日本法上の概念が世界共通の概念とは限らないためである。

II　My Big Coin 事案

　CFTC と仮想通貨などの暗号資産の関係を考えるに際しては，次の2点が特に重要になる。第1に，その暗号資産が米国商品取引所法（Commodity Exchange Act）における「商品（commodity）」に該当するか否かであり，第2に，CFTC は，商品デリバティブ取引については様々な規制権限を有するものの，商品デリバティブ取引ではない取引，つまり商品の受渡しと支払いが直ちに行われる商品スポット取引については極めて限定的な権限しか有していないということである。

　これらの点に関する CFTC の対応を一般向けに分かりやすく説明している小冊子があるので，まずはそれをみてみよう。CFTC 顧客教育支援部局が作成し，CFTC の HP で公表されている「ビットコインの基本（Bitcoin Basics）」[2]という小冊子によれば，第1の点に関連する「Bitcoin は商品（commodity）ですか？」という問いに対しては，「はい，Bitcoin などの仮想通貨（virtual currencies）は商品取引所法における商品であると判断されています」との回答が示されており，第2の点に関連する「CFTC は Bitcoin を監視しているのですか？」という問いに対しては，「CFTC の管轄は，仮想通貨がデリバティブ契約の中で利用されている場合，または，<u>州際通商で取引される仮想通貨に絡んだ詐欺（fraud）もしくは相場操縦（manipulation）がある場合</u>に，関係してきます」（下線は河村による）との回答が示されている。この下線部分は，商品スポット取引であっても詐欺や相場操縦

2）Commodity Futures Trading Commission's Office of Customer Education and Outreach, Bitcoin Basics.　https://www.cftc.gov/digitalassets/index.htm から入手可能。

がある場合には CFTC が管轄を有することを説明するものである。

　第1の点および第2の点に関する条文を確認しておくと，まず，第1の点に関して，商品取引所法1a条（9）は，「The term "commodity" means…all other goods and articles, …and all services, rights, and interests…in which contracts for future delivery are presently or in the future dealt in.」（…部分の省略は河村による）と定めており，「商品」概念は非常に幅広く定義されていることが分かる。CFTC は，2015年の Coinflip 事案[3]以降，仮想通貨はこの商品の定義に含まれるとの立場で法執行に取り組んできており，2018年の McDonnell 事案[4]では，裁判所においても，仮想通貨は商品として CFTC により規制されうるとの見解が示されている。次に，第2の点に関連して，商品取引所法6条（c）（1）および CFTC 規則180は，包括的な詐欺等禁止規定となっている（詐欺と相場操縦の関係については議論があるが本稿では省略する）が，当該規定は商品デリバティブ取引だけに適用される規定とはなっていない。CFTC 規則180.1を一部引用すると，「(a) It shall be unlawful for any person, directly or indirectly, in connection with any swap, or contract of sale of any commodity in interstate commerce, or contract for future delivery on or subject to the rules of any registered entity, to intentionally or recklessly : (1) Use or employ, or attempt to use or employ, any manipulative device, scheme, or artifice to defraud ; …」（…部分の省略は河村による）となっている。

　ある商品のデリバティブ取引が行われている場合に，その商品のスポット取引における詐欺や相場操縦がその商品のデリバティブ取引にも影響を与えうることに鑑みれば，CFTC が上記のような包括的な詐欺等禁止規定を有するのも理解できるところである。それでは，デリバティブ取引が行われていない商品の場合はどうであろうか。そのような商品は，商品取引所法の商

---

3) In the Matter of Coinflip, Inc., CFTC No. 15-29 (Sept. 17, 2015).

4) CFTC v. McDonnell, 287 F. Supp. 3d 213 (E.D.N.Y. 2018).

品に該当するのであろうか。この点が問題となったのが，My Big Coin 事案[5]である。

My Big Coin 事案は，My Big Coin という仮想通貨の販売に詐欺があったとして，CFTC が商品取引所法 6 条（c）（1）および CFTC 規則180.1（a）違反を理由に提訴した事案である。Bitcoin については先物取引が存在していたが，My Big Coin については先物取引が存在していなかったため，My Big Coin が商品取引所法でいう商品に該当するかどうかが大きな論点となった。ここであらためて商品取引所法1a 条（9）を確認すると，「The term "commodity" means…all other <u>goods and articles</u>, …and all <u>services, rights, and interests</u>…in which contracts for future delivery are presently or in the future dealt in.」（下線は河村による）となっている。この下線部分の解釈について，アメリカ法律家協会のワーキンググループ報告書[6]によると，次のような考え方がありうるという。①狭義説：先物契約が存在する物品（goods），品物（articles），サービス（services），権利（rights）および利益（interests）が商品取引所法でいう商品に該当するという考え方（①'として先物契約の存在が必要になるのはサービス，権利および利益であるという考え方もある），②広義説：先物契約が現に存在していなくても将来において先物契約の対象となりうる物品等であれば商品取引所法でいう商品に該当するという考え方，③中間説：問題となる物品等それ自体について先物契約が存在していなくても，それと同じカテゴリーに属するものについて先物契約が存在しているのであれば，商品取引所法でいう商品に該当するという考え方である[7]。①だと仮想通貨に関する CFTC の管轄は非常に狭いものとなり，②だとこれが非常に広いものとなり，③は①②の中間に位置付けられる考え方となるところ，My Big Coin 事案において，裁判所は③を採用した。

5）CFTC v. My Big Coin Pay, Inc. et al., 334 F. Supp. 3d 492 (D. Mass. 2018).

6）American Bar Association Derivatives and Futures Law Committee Innovative Digital Products and Processes Subcommittee Jurisdiction Working Group, Digital and Digitized Assets : Federal and State Jurisdictional Issues (December 2020).

7）ABA・前掲注 6 ・72頁以下，88頁以下参照。

すなわち，My Big Coin は仮想通貨であり，それ自体に先物取引が存在していなかったとしても，Bitcoin を含めた仮想通貨については先物取引が存在することから，My Big Coin は同法でいう商品であるという考え方を是認したのである。本事案を担当した Rya W. Zobel 判事は，その主な理由として，商品取引所法における商品の定義の文言は商品をカテゴリーで定義している（本稿では引用を省略したが，例えば商品取引所法における商品の定義には「家畜（livestock）」というように特定の種を明示しない一般的な用語も含まれている）こと，このような解釈は商品先物取引業に関する連邦規制の強化を目指した連邦議会の意図と合致していること，天然ガスに関する先例が存在していること（ある特定の種類の天然ガスが先物契約の対象になっていないので当該天然ガスは商品取引法上の商品ではないという主張を裁判所は繰り返し退けてきたこと）などを，挙げている。

　My Big Coin 事案は，現に先物取引の対象になっていない暗号資産であっても，先物取引の対象となっている Bitcoin のような仮想通貨と同じカテゴリーに属するといえるのであれば，当該暗号資産の詐欺的なスポット取引に対して CFTC が法執行を行うことを可能にするロジックを提供する事案として重要であると考えられる。もっとも，仮想通貨・暗号資産といってもその内容は様々でありうることから，どのようなものが同じカテゴリーとして商品取引所法上の商品とされるのかについては，なお問題が残っている。

Ⅲ　Ripple 事案と Terraform 事案

　米国の1933年証券法（Securities Act of 1933）2条（a）(1) および1934年証券取引所法（Securities Exchange Act of 1934）3条（a）(10) は，その規制対象となる証券（security）の定義を定めているところ，「投資契約（investment contract）」も証券に該当するものとされている。投資契約とは，他者の起業家的または経営者的努力から生じる利益に対する合理的期待を持って共同事業に資金を投資する仕組みのことをいい[8]，様々な投資スキー

ムを連邦証券規制の中に取り込む包括規定として機能している。暗号資産との関係においても，例えばイニシャル・コイン・オファリング（ICO）などに対する法執行事例にみられるように，SECは，この投資契約概念を通じて，投資性のある暗号資産の募集等を連邦証券規制の中に取り込み，法執行を実施してきた[9]。

　それでは，Bitcoin のように特定の中央管理者がいないとされているものはどうであろうか。前述したとおり，CFTC は Bitcoin も商品取引所法上の「商品」になるとしているが，SEC が規制対象とする「証券」との関係はどうなるのか。この点，SEC 企業金融局長（当時）の William Hinman 氏は，2018年の講演において，「トークンまたはコインが機能するためのネットワークが十分に分散化（decentralized）されているならば―つまりある者またはグループが必要不可欠な経営者的または起業家的な努力をすることを購入者がもはや合理的に期待していないような場合には―，その資産は投資契約を示していないかもしれない。さらに，第三者の努力がもはや企業の成功を決定づける主要因でなくなった場合には，重要な情報の非対称性は後退する。ネットワークが真に分散化されていくにつれて，必要な開示を行うべき発行者または主催者を特定することは困難となり，その意味も薄れていくこととなる」（下線は河村による）などと述べ，こうした観点からすると，

---

8) 投資契約の内容を明らかにしたリーディングケースは，Howey 判決/Howey 基準でよく知られている SEC v. W.J. Howey Co., 328 U.S. 293（1946）である。この点については，SEC, Report of Investigation Pursuant to Section 21(a) of the Securities Exchange Act of 1934: The DAO（July 25, 2017）のほか，投資契約概念のみならず情報開示規制等の在り方を含めて検討するものとして，久保田安彦「米国におけるデジタル資産・暗号資産と証券規制」慶應法学48号（2022年）87頁以下参照。

9) 例えば，河村賢治「ICO 規制に関する一考察」金融法務事情2095号（2018年）44頁以下。最近の米国の状況を概観するものとして，大崎貞和「先行き不透明な米国 SEC の暗号資産規制」金融 IT フォーカス　2023年９月号２頁以下。日本法の検証等を含むものとして，加藤貴仁「ICO の残照―「有価証券」と「暗号資産」の境界線の再設定に向けて」証券経済研究第119号（2022年）159頁以下。

10) Ether 組成時の資金調達を除いた本講演時の Ether のことである。また本講演後の2022年に Ethereum network の合意メカニズムが proof of work から proof of stake に変更されていることに留意する必要がある。

Bitcoin やその時点での Ether[10] の募集・販売は，証券取引にはあたらないとの考えを示した[11]。

　こうした中で関心を集めていたのが，Bitcoin や Ether ほどではないものの市場規模が大きく一般の周知度も高かった XRP（いわゆるリップル）の投資契約該当性すなわち証券該当性であったところ，2020年，SEC は，無登録で XRP の募集・販売が行われており1933年証券法 5 条に違反するとして，XRP の組成者である Ripple 社や元・現 CEO を提訴した。そして，2023年 7 月13日，ニューヨーク南部地区連邦地方裁判所の Analisa Torres 判事は，SEC の主張を一部しか認めない判断を下した（Ripple 事案）[12]。

　Ripple 事案においては，次の 4 つの場面が問題となっている。①Ripple 社が書面契約に基づき XRP を投資判断能力のある特定の相手方に直接的に販売した場面（以下「機関投資家向け販売」という），②Ripple 社がデジタル資産取引所において取引アルゴリズムを利用したプログラムに基づいて XRP を販売した場面（それゆえ Ripples 社は誰が XRP を購入したのかを知らず，購入者も誰がXRPを売却したのかを知らない。以下「プログラム販売」という），③Ripple 社がサービスに対する支払いとして XRP を分配した場面（例えば従業員に対する報酬の一貫として従業員に XRP を分配するなどの場面である），④Ripple 社の元・現 CEO がその保有する XRP をデジタル資産取引所において販売した場面（②と同じくプログラムに基づく販売である），の計 4 つである。

　これら 4 つの場面のうち，Torres 判事が SEC の主張を認めたのは，①の場面のみであった。同判事は，大要すると，①は投資契約の要件（すなわち

11）William Hinman, Speech : Digital Asset Transactions : When Howey Met Gary (Plastic) (June 14, 2018). 大崎貞和「米国における「仮想通貨」の規制」資本市場400号（2018年）14頁以下や，柳明昌「暗号資産の有価証券該当性：SEC の所説を中心として」法学研究93巻 6 号（2020年）1 頁以下も参照。

12）SEC v. Ripple Labs Inc., 2023 WL 4507900 (S.D.N.Y. July 13, 2023). 大崎貞和「暗号資産 XRP をめぐる訴訟で米国 SEC が一部敗訴」（2023年 7 月14日）　https://www.nri.com/jp/knowledge/blog/lst/2023/fis/osaki/0714も参照。

資金の投資，共同事業，他者の起業家的または経営者的努力から生じる利益に対する合理的期待）をすべて充たすのに対し，②④は Ripples 社や元・現CEO は誰が XRP を購入したのかを知らず，購入者も誰が XRP を売却したのかを知らない取引であることなどから，他者の起業家的または経営者的努力から生じる利益に対する合理的期待という要件をみたさないため投資契約にはあたらず，③は資金の投資という要件を満たさないため投資契約にはあたらないとした。

　ここで留意すべきは，本事案では，XRP それ自体が投資契約（すなわち証券）に該当するかという観点のみから結論が導かれているわけではなく，XRP の販売状況等を踏まえそれぞれの販売等が投資契約に該当するかどうかが問題とされているということである。Torres 判事いわく，「Howey 判決における簡明な文言は，「証券法上の投資契約とは契約，取引または仕組みを意味する」ことを明確にしている。…しかし，契約，取引または仕組みの対象は，必ずしも一見して証券であるとは限らない。Howey 判決のもとでは，裁判所は，基礎となる資産の募集および販売を取り巻く状況の経済的な実態およびその全体を分析することになる。…ここで被告は，XRP は証券としての「商業的性格」を有しておらず，金，銀および砂糖などのような他の「通常の資産」に似ていると主張する。…この主張は的外れである。なぜなら金，銀および砂糖のような通常の資産も，それら資産の販売状況によっては，投資契約として販売されうるからである。…XRP が商品（commodity）または通貨（currency）の特徴を示していたとしても，それは投資契約として募集または販売されることがありうる。…デジタルトークンとしての XRP は，それ自体は Howey 判決における投資契約の要件を具現化する「契約，取引または仕組み」ではない。むしろ，裁判所としては，XRPの販売および分配を含む被告の様々な取引および仕組みを取り巻く状況全体を検討することになる」（…部分の省略は河村による）として，上記４つの場面についてそれぞれ検討し，投資契約該当性について異なる判断を下したわけである。

　しかし，Torres 判事の考え方ないし結論に対しては，同じニューヨーク南部地区連邦地方裁判所の中でも異論が出てきている。

　SEC が暗号資産会社である Terraform 社および同社創業者兼 CEO に対して1934年証券取引所法10条（b）および SEC 規則10b-5（包括的な詐欺等禁止規定）違反などを理由に提訴した事案（Terraform 事案）において，2023年 7 月31日，同地裁の Jed S. Rakoff 判事は，被告からの却下申立てを退ける判断を下した[13]が，その中で次のような考えを示している。すなわち，「当裁判所はまた，機関投資家に直接販売されたコインは証券とみなされるのに対し，流通市場取引を通じて小口投資家に販売されたコインは証券とみなされないというように，これらのコインの販売方法に基づいて区別を設けることを拒否する。そうすることによって，当裁判所は，SEC v. Ripple Labs Inc., …2023 WL 4507900（S.D.N.Y. July 13, 2023）という類似の事案において，当地区の別の判事によって最近採用された考え方を否定する。… Howey 判決は，購入者間でそのような区別を設けていない。そして，そうしなかったことは理にかなっている。購入者が被告からコインを直接購入したのか，それとも，流通市場における転売取引でコインを購入したのかは，合理的な者が客観的に被告の行為および言説を被告の努力に基づく利益の約束を示すものと見るか否かについて，影響を与えるものではない」（…部分の省略は河村による）。

　この二つの事案は米国でも注目を集めているようであり，これらの事案で示された考え方が今後どのように整理され展開していくのか，引き続き注視したいと思う。

IV　規制の隙間問題

　暗号資産ないしデジタル資産に対し，SEC は証券（とりわけ投資契約）

---

13) SEC v. Terraform Labs. Pte. Ltd., 2023 WL 4858299 (S.D.N.Y. Jul. 31, 2023).

の要件を満たすものを，CFTC は商品の要件を満たすものを，それぞれの
規制対象に取り込んでいるわけであるが，CFTC は基本的には商品デリバ
ティブ取引の規制機関であるため，証券ではない商品のスポット取引に対す
る連邦規制が不十分ではないか（包括的な詐欺等禁止規定などで十分か）と
いう問題意識は，いわゆる規制の隙間（regulatory gap）問題の一つとして
米国内でも共有されている。

　例えば，バイデン大統領により2022年3月9日に発出された大統領令
14067「デジタル資産の責任ある発展の確保」[14]に基づき複数の報告書が取り
まとめられたが，その中の一つである金融安定監視評議会「デジタル資産の
金融安定リスクおよび規制に関する報告書」（2022年）[15]は，次のような勧告
をしている。すなわち，「勧告3：この規制の隙間に対処するために，金融
安定監視評議会は，証券ではない暗号資産のスポット市場に関して連邦金融
規制機関に明確な規則制定権限を付与する法律を連邦議会が制定することを
勧告する。金融安定監視評議会は，この規則制定権限が市場規制機関の現在
の管轄権を妨げたりまたは弱めたりすべきではないことを勧告する。この規
則制定権限は，利益相反；不正取引行為；公開取引報告要件；記録保存；ガ
バナンス基準；サイバーセキュリティ要件；顧客資産分離；資本およびマー
ジン；保管，決済および清算；秩序ある取引；透明性；必要になるかもしれ
ないさらなる詐欺防止権限；投資者保護；紛争解決；運営規範；および生じ
うる予期せぬ追加的問題に対処するための包括的権限など，これらに限定さ
れないがこれらを含めた様々な項目を対象とすべきである。制定される法律
は，これらの規則の遵守を確保するための執行および検査権限を定めるべき
である。」

　連邦議会の動きに目を転じると，暗号資産ないしデジタル資産を念頭にお

14）Executive Order 14067: Ensuring Responsible Development of Digital Assets (March 9,
　2022).

15）Financial Stability Oversight Council, Report on Digital Asset Financial Stability Risks and
　Regulation (2022).

いた法案が複数提出されている。その中の一つが，2023年7月に，Cynthia
Lummis 上院議員（共和党）と Kirsten Gillibrand 上院議員（民主党）が再
提案した「ルミス-ギリブランド責任ある金融イノベーション法（Lummis-
Gillibrand Responsible Financial Innovation Act）」案である[16]。この法案は
2022年に両議員が提案した法案の内容をさらに充実させたものであるが，共
和党議員と民主党議員により提案されており，超党派である点で興味深い。
規制の隙間問題との関係では，ルミス-ギリブランド責任ある金融イノベー
ション法案403条は，「レバレッジ取引に関する CFTC の現在の管轄権に加
えて，証券ではないすべての代替可能な暗号資産（all fungible crypto as-
sets which are not securities）に関するスポット市場の管轄権を CFTC に
付与する。先物取引業者（futures commission merchants）に暗号資産業務
を行うことを許すと同時に，強力なカストディおよび顧客保護の要件を定め
る」内容となっている[17]。また，同法案601条は，「暗号資産仲介業者の監督
および法執行を行うために，顧客保護および市場インテグリティ機構（cus-
tomer protection and market integrity authorities）の設立を許可する権限
を SEC および CFTC に与えている」[18]。顧客保護および市場インテグリティ
機構は，暗号資産仲介業者を会員とする組織である（同法案601条参照）。

　このように，規制の隙間問題に対処しようとする立法提案の動きも見られ
るところであるが，学説にも様々な見解がある。一例をあげれば，Timothy
G. Massad 元 CFTC 委員長および Howell E. Jackson 教授は，その共著論文

16）Kirsten Gillibrand 上院議員の HP（https://www.gillibrand.senate.gov/news/press/release/
　　lummis-gillibrand-reintroduce-comprehensive-legislation-to-create-regulatory-framework-for
　　-crypto-assets/）における2023年7月12日付けプレスリリース（Lummis, Gillibrand Reintro-
　　duce Comprehensive Legislation To Create Regulatory Framework For Crypto Assets）から
　　同法案，逐条解説，2022年法案からの修正点などをダウンロードできる。
17）この説明は，Kirsten Gillibrand 上院議員の HP（前掲注16参照）から入手できる同法案の逐条
　　解説（Lummis-Gillibrand Responsible Financial Innovation Act of 2023 Section-by-Section Over-
　　view）による。なお，同法案でいう暗号資産の定義については同法案101条参照。
18）この説明も，Kirsten Gillibrand 上院議員の HP（前掲注16参照）から入手できる同法案の逐条
　　解説による。

において，「とりわけ業界による政治的影響力が強まっていることを考慮すると，新しい法律の制定は，証券およびデリバティブ市場における水準よりも非常に低い水準で終わってしまうリスクもある」などとして，SEC および CFTC が共同で監督する自主規制機関（SRO）を創設すべきであると主張している[19]。すなわち，「本論文において私たちは，金融業規制機構（FINRA）または全米先物協会（NFA）に類似するものとして，SEC および CFTC が共同で新しい自主規制機関（SRO）を創設および監督することを提案する。この新しい SRO の使命は，暗号業界に一層必要な基準を開発および執行することにより，投資者および金融市場を保護することにある。SEC および CFTC により共同で監督される SRO の創設は，デジタル資産が証券か商品かで争う必要性を回避しうる；それは様々な種類の暗号資産を取引するプラットフォームに対し共通の基準を開発しうる。SRO は，証券およびデリバティブに関する米国の伝統的な基準の改正を伴うものではなく，SEC または CFTC のいずれかの権限を弱めるものでもない。SRO はまた，さらなる立法が実際に必要かどうかを判断する手段にもなりうるし，その立法はどのようなものとなるべきかについての合意形成を助けるものとなりうる。SRO の活動はまた，業界による資金で賄われうる。SEC および CFTC により認定された SROs は，米国の証券およびデリバティブ市場の規制にとってきわめて重要であったし，重要であり続ける。明確にすべきは，これまで業界主導で行われてきた「自主規制機関」と銘打たれている努力は，私たちが思い描いているものに遠く及ばないということである。SRO は，政府が―その指導陣を統制すること，すべての SRO 規則を承認すること，および，SRO がその規則を執行するのを確保することなどを含めて―その活動を積極的に監督する場合にのみ，成功することができる。SEC および CFTC は，連邦議会による措置がなくても，現行法のもとでそのような

---

19) Timothy G. Massad & Howell E. Jackson, How to Improve Regulation of Crypto Today-Without Congressional Action-and Make the Industry Pay For It, Hutchins Center Working Paper 79 (October 2022).

SRO を創設しうる。規制機関は暗号業者に当該 SRO に加入するよう要求する正式な権限を持たないかもしれないが，規制機関は会員化および SRO 規則の遵守を促す強力なインセンティブを創り出しうると私たちは考えている。暗号業界の責任ある構成員は，適切に規制された SRO が創設されたならば，かかる SRO に加入する十分な理由を持つであろう。」

V　おわりに

　本稿では，米国における暗号資産規制に関して，SEC と CFTC の役割分担にフォーカスして，現時点での状況を概観してきた。本来であればステーブルコインや NFT などをめぐる状況にも踏み込むべきであったが，これは今後の課題としたい。

　日本のようにこの分野の法整備を着々と進めるのではなく，少なくとも連邦証券規制や連邦商品規制に関しては既存の枠組みを利用して対応してきているのが米国の現状といえる。こうしたことが可能となっている制度的背景としては，規制の入口である証券概念・商品概念の包括性と規制の一つである詐欺等禁止規定の包括性であるといえる。例えば米国では，インサイダー取引も包括的な詐欺等禁止規定である1934年証券取引所法10条（b）および SEC 規則10b-5 で対応しているが，すでに SEC は暗号資産のインサイダー取引の摘発に着手している[20]。このように包括規定をフル活用する市場規制システムは，新しい事象に迅速に対応することを可能とし，投資者保護や市

20）大崎貞和「暗号資産のインサイダー取引をどう規制するのか」金融 IT フォーカス2022年10月号 4 頁以下のほか，暗号資産のインサイダー取引規制の検討を進める上で金商法166条のインサイダー取引規制についても見直しの余地があることを指摘するものとして，加藤貴仁「インサイダー取引規制の構造・機能の再検討—暗号資産に関するインサイダー取引規制の要否を題材にして」証券レビュー63巻 8 号（2023年 8 月）40頁以下参照。なお，米国の暗号資産インサイダー取引事案に関しては，SEC の2023年 5 月30日付プレスリリース「コインベース社元マネージャーとその弟が暗号資産証券に関するインサイダー取引容疑について和解に合意（Former Coinbase Manager and His Brother Agree to Settle Insider Trading Charges Relating to Crypto Asset Securities）」（https://www.sec.gov/news/press-release/2023-98）も参照されたい。

場機能の健全な発揮を適時適切に図りうる面はあるものの，予測可能性の低下により経済活動に悪影響をもたらすおそれが（とりわけ事業者側から）指摘されるほか，新しい酒を古い皮袋に入れてしまうことの弊害（例えば伝統的な開示規制の内容が新しい事象に適切に対応していないにもかかわらず無理やりこれを適用してしまうことによる過剰規制や過少規制）をもたらすおそれなどもありうるところであり，こうした消極面にどう対応するかが重要な課題となる。

　私はかねてより総合的な金融・資本市場規制システムのあり方に関心を持ってきたものであり，米国も観察対象の一つである。暗号資産という新しい事象をきっかけにして，米国の規制システム（自主規制を含む）がどのような変容をしていくのか（あるいはしないのか）引き続き注視し，考察を深めたいと思う。

以上

株対価M&A制度（株式交付制度）の今後の制度的課題

武 井 一 浩

Ⅰ　画期的改正となった令和元年会社法改正の株式交付制度導入

　令和元年会社法改正により株式交付制度が創設されたことで，株対価M&Aについて，法制度面で重要な一歩が刻まれた。本稿は，株対価M&Aに関する諸論点について述べる。

　株対価M&Aの状況を示したのが図表1である。P社は株を発行する側，S社はターゲットの会社である。本稿ではP社，S社という表記で以下述べていく（Purchaser/Parentの「P」，Seller/Subsidiaryの「S」を掛けている）。

　M&Aにおいて，現金対価で実施するか自社株対価で実施するかは，少な

図表1　株対価M&A制度

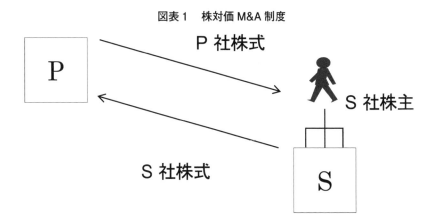

くとも中立的な選択肢であるべきである。どちらにもメリット・デメリットがあり，果たす機能が異なる。現金対価で M&A をやろうが，P 社株（自社株）対価でS社を買おうが，本来これは両方選べるのである。

　しかし日本の現行法制は，P 社株を対価にする場合に関しては，やや偏っているというか，制度対応している範囲が狭い状況にある。また，こうした法制的な制約だけが理由かどうかは議論があるが，諸外国に比して日本では（組織再編であるS社株式の100％強制取得以外に）株対価 M&A がなかなか実施されていない状況にある。

　2018年に産競法（産業競争力強化法）が施行され，2019年の会社法改正で株式交付制度が創設され，それに対する税制措置も手当てされた。これは日本の株対価 M&A 制度における重要な第一歩である。

II　株対価 M&A の意義

1　DX 時代にますます重要な株対価 M&A

　株対価 M&A にはいろんな意義があるが，最大の意義は，一種の手切れ金となる現金対価と異なり，株対価では，S社株主がP 社株を持つ結果，S社株主は M&A によるシナジー効果を享受できる。両者協働によるオープンイノベーション促進やエコシステム形成等の前提となる重要な選択肢である。

　特にここ数年，日本経済はデジタル化とグローバル化の波に直面している。IoT，DX，デジタルイノベーションの時代において，どうやってデジタル化に対応するかが日本経済に問われている。DX 化において企業価値を向上させるためには，いろんな企業と組めるコラボレーション型が大変重要となる。特に日本においてはこうしたコラボレーション型がキーとなっている[1]。現金だけで買って組むというのは極めて偏った選択肢であり，株も使って組むことによって達成できる効果が多々ある。

　欧米は株対価 M&A を普通にかつ有効に活用している。一番有名な事例は，Google である。Google は，株対価 M&A を積極的に活用して YouTube を含めていろんなところと組んできている（より正確には，株対価か，株と現金を混ぜる混合対価である）。株対価のインセンティブ付けなどの機能を有効活用して次々と組んでいくことでこのデジタル時代で成功している。

　株対価 M&A に関する日本の現行法制度は，欧米に限らずアジアも含めて，海外企業とイコールフッティングになっていないということは大変重大な問題である。Google は20年近く前からこういう形で，もともと選択肢として存在している株対価 M&A を積極的に使ってイノベーションを達成してきたが，日本にこの選択肢が余りなかったのは大変残念な話である。

　昨今のデジタル化及びグローバル化の時代は，まさに winner takes it all の世界である。1社独占が起きる時代の中，現金だけで買うという選択肢のみで日本企業は本当に陣取り合戦に勝てるのか。日本企業の国際競争力を考える上でも，この法制度の現状は見直すべき大変重要な点である。

2　大規模 M&A の活性化

　第二に，株対価 M&A の意義として，一番わかりやすいのは大規模 M&A ができるということがある。日本では欧米と違って，混合対価を含めて株対価 M&A が活用できていない。大型案件（上位20案件）の場合，日本は全

1）2020年5月の経団連 DX 提言（「Digital Transformation（DX）〜価値の協創で未来をひらく」）は，Society 5.0を「デジタル革新（DX）と多様な人々の想像力・創造力の融合によって価値創造と課題解決を図り，自ら創造していく社会」と定義し[1]，「価値協創」「多種多様」「自律分散」「安心安全」「自然共生」がキーワードであると述べている。その上で，①巨大プラットフォーマー企業が多種多様で革新的サービスを提供し，個人のデータを独占的に集めてさらに高い価値を提供するグローバルなエコシステムを形成する「米国型」，②国家の政策的な下支えも受けて，巨大なテクノロジー企業が大規模にデータを収集し急成長を遂げ，データ活用による社会信用システムの形成が進む「中国型」，③デジタル単一市場戦略等を取りつつも GDPR のような個人の権利保護を最重要視する「EU 型」等と比較して，④産業の裾野が広く，リアルに強みを持ち，産学官で Society 5.0という社会コンセプトを共有している日本では，多様な主体が有機的かつ自律的に協創を進め，データ連携等によって生活者価値の実現を目指す日本発の「価値協創型 DX」が1つの方向性であると述べられている。

部現金対価で行っているが，アメリカ，イギリス，フランス，ドイツは，現金対価の比率はそれほど大きくなく，P 社株なり混合対価が活用されており，大規模 M&A が日本で進んでいない 1 つの大きな支障であるとさえいえる。テスラとノキアが行った大型の株対価 M&A の事例も有名であり，両社とも，デジタルイノベーションの中で世界的にも重要な地位を占める企業であるが，株対価を活発に使っている。またヨーロッパでもかなり活発に株対価（特に混合対価）が使われている。

　日本でも，混合対価事案として，武田・シャイアーで 7 兆円規模のディールが成立した事例が近年ようやく行われた。大規模 M&A の活性化という観点からも，株対価は大規模 M&A の重要な選択肢になる。

3　海外 M&A の活性化

　第三に，海外 M&A での活用も可能である，日本株がより広く海外に流通する一つの契機にもなる。

　なお株式交付制度ができる前の産競法特例の時代に行われた株対価 M&A の例も，海外 M&A の事案であった。

　また S 社が海外の会社であることで日本の会社法の（比較法的に奇妙な）現物出資規制を受けないことで，株対価 M&A を行った事例はいくつか公表されている。たとえば①P 社株式の発行行為を，日本国内につくった P 社の100％子会社との間で完了させた上で個別同意による交換を行う事例，②P 社株式の発行行為を，米国等につくった P 社の100％子会社との間で完了させた上で逆三角合併を行う事例，③S 社が（スキームオブアレンジメントなどの）S 社株主集団権利処理行為がある海外国の上場企業で，closing 時期と近接した時期に募集事項決定を行う事例などがある。いずれも S 社側の株式を現地法制での何らかの強制性を持った行為によって100％取得する事例である。これらの事例があるとはいえ，現行の会社法制の現物出資規制は見直すべきであり，特に株式交付制度における S 社の射程を日本の会社に限定せず海外の会社でも可能とすべきである。

4　ベンチャー・新興企業及びイノベーション促進

　手元資金に余裕のないベンチャー企業や新興企業等にとっても，株対価 M&A によって成長の機会が拡大する。Google も（当たり前だが）昔はベンチャーであった。株式市場等で将来の成長が期待されるものの，足元で資金に余裕のない企業にとって，企業成長に向けた積極的施策がより打ちやすくなる。

5　中小企業の事業承継策

　中小企業に関しても，事業承継などにあたって，株対価の A の領域の世界や現金対価だけではうまく回らない。P 社にお金がないとき，もしくは S 社の企業価値評価がよくわからないときなど，いろんな形の組み合わせの中で，B/C/D の世界があることによって，中小企業における現在のさまざまな課題を解決することができる。

6　現金対価と機能が違う株対価も中立的に選択できるべき

　現金対価というのは，ある意味，買う段階で S 社の価値を現金にわざわざ換算する行為である。将来どうなるかわからないものを今の段階で現金に換算するといえる。高い低いという目線が合えば M&A が成約しますが，高い低いが合わないときに，その段階の現金に換算して現在価値にしてしまうので，将来価値の目線を無理やり合わせる行為をすることにもなる。一方で株対価 M&A の場合には，将来どうなるかわからないことを正面から受け止めて，株を通じてシナジーを享受しようという別の機能・効果がある。だからこそさきほどの Google の例を含め，デジタル化の時代に，イノベーションに取り組む企業の連携にとても重要な機能を果たしてきた。

　受け取る S 社株主からすると，P 社株が信用できなかったら P 社株でディールはできないので，cash is king か，それとも P 社株は信頼できるのか，魅力があるのか，そういう話になる。ちなみに現金対価と株対価とでど

ちらがプレミアムが高いのかということについては，少し古い調査で現金対価のほうがやや高いという結果もあるが，ディールの周辺状況次第である。

　P 社側から見ると，たくさんお金を払ったら，財務の健全性が悪くなり，格付が落ちるかもしれないので，どこまでその影響を見るか。逆に，株を出し過ぎると希釈化（EPS の低下等）の問題が出る。そういったバランスの中で，現金をどこまで混ぜるか，株をどこまで混ぜるかという話になる。

　このように株対価と現金対価とは，それぞれが果たす役割・機能がある。真の意味で付加価値を高める M&A を行おう，きちんと組もうと思ったら，本来は現金対価と株対価と両者が中立的に使えないといけない。「現金対価はやりやすいけれども株対価はやりにくい」という法制度は，おかしい。

　P 社株主から見て，M&A 対価における現金と株式との混合比率には，現金を出し過ぎたら P 社の財務の健全性が悪くなるかもしれないという点と，逆に株で出し過ぎたら希釈化の懸念が出るという点で，財務の健全性と希釈化の観点から適正なバランスがある。適正なバランスなので，現金100でないといけないとか，P 社株100でないといけないという制度は，偏っている。適正な混合比率で取引が実施されるよう，日本は株対価の法制度を見直すべき状況にある。

Ⅲ　日本の株対価 M&A 制度の課題・問題点

1　株対価 M&A の 4 象限と日本の法制の現状

　図表 2 が日本の法制の現状である。縦軸は，S 社株式を100％取得か100％未満取得か，横軸は，対価が P 社株だけか混合対価かを示していて，2 × 2 で 4 象限に分かれる。株式交換などの組織再編法制が整備されたこの20年来の歴史の中で，現行，株対価に関して一番発展しているのは A のエリアである。要は，S 社株式を100％強制取得，しかも対価は P 社株オンリーであるという部分が組織再編行為という形で切り取られていて，会社法と法人

税法（組織再編税制）という形で手当てされている状態である。

　しかし本来は，他のBからDまで含めた4象限とも，偏りなく選択自由であるべきである。CとDは100％未満取得で，今回の株式交付制度や産業競争力強化法の特例があるが，それまでずっと現物出資という形でやってきた。そして，BとDという混合対価の世界はいかんせん税法上の要件が厳しいままだった（今般の株式交付制度の税制措置で一定の混合対価が認められた）。日本の場合，欧米に比べて，B，C，Dの世界が乏しい。Aは，株式交換を含む組織再編法制が20年以上前にできて，Aはいろんな形で使われているが，B，C，Dがないというのが大きな問題である。

図表2　海外企業とのイコールフッティングになっていない（Aしかない）

	対価がP社株 Only	混合対価（P社株＋現金）
S社株式を100％取得（強制取得）	A 組織再編行為（会社法＋法人税法）	B 税制上の現金非交付要件の壁
S社株式を100％未満取得	C 産競法改正や株式交付制度創設などで徐々に進展（ただまだ道半ば）	D 株式交付での混合対価税制で一定の前進

2　比率合意を額にあえて置き換えている日本の現行法制（現物出資規制）が阻害要因

　株対価 M&A の日本における実施を阻害している最大の法制的問題は，現物出資規制である。

　株対価 M&A は，現物出資規制の世界に入ると，P社からみたときに，S社株をもらってP社株を交付しているので，P社の株式の発行行為に当たる。S社株という現物をもらって株を発行しているので現物出資という行為になる。商法・会社法では伝統的に，資本規制に関して厳しい規制を放置しており，現行の現物出資規制の存在によって株対価 M&A が実行しにくい。具

体的には，Ｐ社取締役及びＳ社引受株主の価額填補責任，検査役調査，（そしてこれは現物出資規制とは少し違うが）Ｐ社における有利発行規制の三点セットである。この３つが相まって，株対価 M&A の実施を阻害している。

　この三点セットの問題の根っこは，Ｓ社株に対しＰ社株何株を交付するという株の比率による交換が株対価では行われているのに，会社法の現物出資規制の世界ではそれをわざわざ「Ｓ社株は何円に相当します，それに対してＰ社株は何円分を出します」と金額換算して規制していることである。Ｓ社株とＰ社株は「１：*a*」とシナジー等を勘案して交換比率を決めて合意したのに，その後，両社とも上場している場合は双方の株価が動いていく中で，closing の段階でＰ社株のＸ円の発行に対してＳ社株がＹ円しか来ていなかったら，つまりＹがＸより低かったら，（Ｘ－Ｙ）円を払えという規律が現行の会社法の現物出資規制なのである。比率で決めたものをわざわざ額に換算しているところにも，株対価 M&A 取引の根幹を阻害している。換算額に不足があれば，Ｐ社取締役やＳ社の株主に差額填補責任を課す[2]，不足があるか否かの検査役調査を求める，有利発行規制を課すなどとなっている。株対価なのに金額に置き換えているところが現物出資規制の根本的問題である。

　そして，この現物出資規制が，合併と株式交換という組織再編行為になると及ばないとなっている。なお株式交換は，合併のうち株主の部分を因数分解してつくられた制度といえる。令和元年会社法の株式交付制度の創設は，この現物出資規制が及ばない世界を，組織再編の世界に準じる形でつくったといえる。株式交付とは，株式会社（Ｐ社）が他の株式会社（Ｓ社）をその子会社（法務省令で定めるものに限る）とするためにＳ社の株式を譲り受け，Ｓ社株式の譲渡人に対して当該Ｓ社株式の対価としてＰ社の株式を交付することをいう，と会社法で定義されている。

2）ちなみに価額填補責任に関しては，「Ｐ社株の発行価額１円」というふうにしてしまえば価額填補責任は生じないが，こんな技巧的なことを実施するのは，少なくともＰ社が公開会社の場合は難しいし，実態にも合っていない。

　現物出資規制については，2007年の会社法現代化改正のときに相当程度緩和されたが，株対価 M&A の箇所はやや時間切れで残ってしまっている[3]。

3　株対価 M&A における税制上の課題

　日本の現行法制が現金対価に偏っているという点では，税制上の課題も大きい。

　2018年の産競法改正で認められた税制措置も限定的なものであった。産競法で会社法の特例ができ，それにさらに上積みされる形で税制の特例が整備されたが，各種の見込み要件や余剰資金要件等々が厳しく，税制特例については利用実績がなかった。なお，会社法のほうの産競法特例は2019年末に1件出たが，Ｓ社が海外の会社の事例なので，日本のＰ社に関する税制措置の事例ではなかった。

　税制上は，まず，Ｓ社への法人課税が生じないことは必須である。そもそもこの法人課税は，株式交換が組織再編税制に組み込まれていることによって，Ｓ社のほうに法人課税，いわゆる含み損益の課税を生じさせてしまうということが問題である。単に株の交換しか起きていないのにＳ社法人自体に法人課税が生じることはおかしく，少なくとも，Ｓ社への法人課税が生じないことは必須である。

　その上で，Ｐ社株式との交換に応じたＳ社株主の株式譲渡益課税の繰延が重要である。

　日本では，特定口座でＳ社株式を保有している個人株主の場合，証券会社（TOB の場合は TOB 代理人）が源泉徴収しないといけない。Ｐ社株だけが交付されるときに，口座の中に現金がなかったら源泉徴収を行えないことになる。結局，特定口座でＳ社株式を保有している個人株主が一定数いて，

3）「価額填補責任を取締役に負わせる規定の合理性には疑問がないわけではない。負わせないことにする理由としては，‥取締役が填補責任を履行しても，履行によって会社が得た財産は利益移転後の持分比率に応じて各株主に帰属するだけであって，株主間の価値移転によって被った既存株主の損害の回復には何ら寄与するものではないことが考えられる。」相澤哲編著「立案担当者による新・会社法の解説」別冊商事法務295号282頁。

そういった個人株主からも TOB の応募を受けようと思ったら，きちんとした課税繰延措置がないと，そもそも TOB をやっても特定口座の人は誰も応募してこないという問題が起きる。税制がきちんと整備されないと，株対価は画餅である。

　株式交付制度に対して創設された税制措置は，こうした税制上の課題に対して正面から向き合った，大きな前進となる重要な法改正となった。第一に組織再編税制の世界の外側の租税特別措置法で規律付けがなされた。第二に株式交付に該当する行為を行うことで，P 社株式との交換に応じた S 社株主の株式譲渡益課税の繰延が充足することとなった。第三に，さらに重要な点として，混合対価の場合でも現金比率 2 割まで課税繰延措置が手当てされた。

4　混合対価に関する課題

　株対価 M&A で欧米で実施されている混合対価に対する法制度整備も重要である[4]。税制上の措置も重要であるが，会社法上も問題がある。

　第一に，P 社が現金を混ぜたときに P 社側に債権者保護手続が必要というのは過剰な規制である。これは，株式交付制度を株式交換とイコールでつないだことでこうなったわけだが，欧米には全くない話でもあり，改正すべきである。

　混合対価にはいろいろなパターンがある。第一に，S 社株主に一律に P 社株と現金を混ぜて交付する「ユニット対価型」。第二に，S 社株主に P 社株と現金との選択を認める「選択対価型」。第三が，タイミングをずらして，最初の人は P 社株だけ，2 段階目の人は現金だけという「異時型」がある。この三つのそれぞれで経済合理性の仕組みが違う。本来は第一及び第二について制度的手当がされないと，欧米とはイコールフッティングにならない。

4）混合対価については，浅岡義之「M&A における混合対価の活用促進に向けて」神田秀樹責任編集「企業法制の将来展望―資本市場制度の改革への提言―2022年版」272頁など。

5　株対価 M&A と金商法

本稿執筆時点で公表されている株式交付事案[5]は，S 社が非公開会社の事例である。

ただ今後のため，S 社が上場会社の場合についても触れておく。図表３は，株対価 M&A における金商法上の諸論点を絵にしたものである。ただこれらの諸論点については，弊職の同僚弁護士達が執筆した松尾拓也＝本柳祐介＝森田多恵子＝田端久美「株対価 M&A・株式交付と金商法上の論点」（神田秀樹責任編集「企業法制の将来展望―資本市場制度の改革への提言［2020年度版］」（財経詳報社）317頁以下）にすでに紹介されているので，本稿では省略する（図表３参照）。また金融庁の公開買付 Q&A 等も改正されている[6]。株式交付に対して P 社株主による差止請求が認容された場合等での

図表３　株対価における金商法上の論点

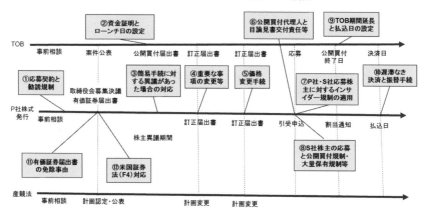

5）たとえば志村直子ほか「株式交付を利用した子会社化」商事法務2278号23頁など。

6）たとえば神保勇一郎ほか「会社法改正に伴う金融商品取引法施行令，企業内容等の開示に関する内閣府令等の改正の概要」商事法務2259号10頁。その他金商法関連の論稿等としてたとえば，谷口達哉「株式交付と公開買付規制」商事法務2245号17頁，谷口達哉「株式交付・株式の無償発行と発行開示規制」商事法務2250号31頁，上島正道＝船越涼介「株式交付及び株式報酬とインサイダー取引規制」商事法務2252号25頁，太田洋＝野澤大和編著「令和元年会社法改正と実務対応」（商事法務，2021年）353頁〜369頁［野澤大和］など。

TOB 撤回の問題[7]，交換比率の上方修正や下方修正の方法など，解釈上の論点はいくつか残っており，今後明確になっていくことが期待される。

　円滑な決済が出来るインフラの整備も重要である。組織再編の場合，全員のS社株主にP社株を同時降らせればよいので集団権利処理がやりやすいが，株対価 M&A の場合は，応募したS社株主毎に個別対応しなければいけない。また，TOB という金商法上の手続と，会社法上の登記手続を含めた株式発行手続との円滑な接合も求められる。S社株主の新規口座の開設，登記関連処理，個人情報処理といった話が出てくる。

Ⅳ　今後の制度論についての提言

1　株式交付制度の見直し

　株対価 M&A は今後の日本経済の成長戦略において極めて重要である。その観点から，創設された株式交付制度について，射程拡大などさらなる制度改正を行うべきである。大きく列挙すると以下の点がある。いずれの点も，日本の株対価 M&A 制度が諸外国に比してこれ以上立ち遅れたものとならないよう，さらなる改正が望まれる点である。

（1）　S社の射程を外国会社も含めること

　第一に，S社が外国会社の場合にも使えるようにすることである。海外 M&A において使えないのは現在のニーズに合っていない。

（2）　「S社を子会社にする場合」に限定しないこと

　第二に，S社が50％を超えるワンショットの瞬間でしか使えない制約を外

7）株式交付の差止請求が認められた場合等には TOB の撤回を認めるべきとの説として，例えば谷口・前掲（注6）22頁など。

すことである。産競法特例では S 社株を40％保有する場合やすでに S 社が子会社である場合にも活用できている。

（3）　P 社側の株式買取請求権の廃止

　第三に，簡易以外のときに P 社側に株式買取請求権が生じることである。混合対価では，現金と P 社株式の比率に適正比率がある，調合比率に適正性があるにも関わらず，P 社側で最大三分の一までのキャッシュアウトが別途生じるというのは，株対価 M&A を行う大きな障害である。武田・シャイアーの事案においても，この P 社側の株式買取請求権の存在が（産競法型の）株対価 M&A の実施を見送った要因であった[8]。財務の健全性と希釈化の程度等について緻密な検討が行われた上で，武田薬品株式0.839株と30.33米ドルという混合対価が決まった。それなのに，P 社株主から最大で3分の1に至る買取請求権でのキャッシュアウトが起きるというのは，実務現場ではとても採用できる選択肢ではない。

　なお，2021年改正後の産競法特例による株対価 M&A（これは会社法上の現物出資による株対価 M&A に対する特例である）の場合には，P 社が上場会社である場合には株式買取請求権が生じないとされている[9]。株式交付についても同様に手当てすべきである[10]。

（4）　混合対価の場合の簡易の判定

　第四に混合対価の場合に，簡易の判定において，現金対価部分を加算した上での2割判定となっていることの見直しである。その結果，簡易の範囲が

8）太田洋＝柴田寛子＝浅岡義之＝野澤大和「武田薬品によるシャイアー買収の解説［Ⅲ］」商事法務2201号35頁。会社法上の現物出資で行うと P 社側の株式買取請求権は生じないが（それは現在もそうである），当時の産競法特例では P 社側に株式買取請求権が生じていた。

9）香川隼人ほか「令和3年産業競争力強化法の解説」商事法務2270号23頁など。

10）なお，株式交付に関する法制審議会の議論でも，P 社側に株式買取請求権を要求することは過剰規制ではないかという意見が出されている（法制審議会会社法制部会第13回会議［加藤貴仁幹事意見など]）。

狭いことと，Ｐ社側に株式買取請求権が生じやすいこととなっている。

（5）　混合対価の場合の債権者保護手続の廃止

第五に，混合対価の場合，Ｐ社側に債権者保護手続を要しないとすることである。

（6）　Ｐ社側の総会決議の普通決議化

第六に，Ｐ社側の（簡易に該当しない場合の）株主総会決議の要件も，特別決議でなく普通決議とすることも望まれる。

2　「包括承継型組織再編行為」とは異なる「集団的権利処理行為」としての新たな規律

（1）　強制移転型組織再編行為との違い

上記1の項目はすべて「組織再編でこうなっているので，株式交付でもそうした」というものばかりである。

株式交付は組織再編に準じたものとして捉えられているが，何が「組織再編」に"準じた"ものなのか，組織再編であればなぜ現物出資規制が外れるのかについては論理的に明確な帰結がない。そうした中で，株対価M&Aという選択肢を（諸外国に比して）過剰に制約している日本の現行制度を直すという政策論[11)]で解決すべき話ではないか（少なくとも，「組織再編でこうだから，株式交付でもこうすべきである」というのが唯一の論理的解とはいえない話である[12)]）と考えられる。

これまでの伝統的な組織再編は，合併，株式交換・株式移転，会社分割であるが，合併が①Ｓ社株主総会多数決決議によるＳ社株式のＰ社への強制移転という株主周りの話と，②Ｓ社の権利義務関係がＰ社に強制移転する

---

11)　なお，これら5項目の中には，2011年の産競法の会社法特例が創設された際にも設けられなかった制限がある。産競法の会社法特例も組織再編とのアナロジーの議論で制度設計がなされていた。

（契約相手方の同意という民法上の契約移転の原則に対する法定の例外としての包括承継）という S 社債権者（契約関係者）周りの話とに分解される。①②ともにある合併を株主周りと債権者周りとに因数分解したのが，株式交換・株式移転（前者）と会社分割（後者）である。これらを「強制移転型組織再編」（あるいは強制移転型行為）と言及する。なお包括承継という用語は正確には①の株主周りでなく②の債権者・契約関係者周りの概念であるが，「包括承継型組織再編」という用語でもわかりやすいかもしれない。

（2）　伝統的組織再編行為と異なる法的整理がすでになされた株式交付税制

　株式交付を組織再編と親和性を持って考える整理にあたっては，（会社法改正のあとに行われる）税制措置への考慮もあったのかも知れない。しかし結果的に，法人税制は株式交付を組織再編税制に組み込むことなく，既存の会社法上の組織再編行為とは相応に断ち切った整理が行われた（むしろ，強制型組織再編行為に純化[13]して組織再編税制を構築しているのが現行の法人税制である）。

　何をもって組織再編に準じているのかについては，相当柔軟な思考を持って制度設計すべきである。試論として二つのアプローチ[14]を示したい。

12）関連する議論として，中東正文「株式交付制度の導入と組織再編法制の揺らぎ」吉本健一先生古稀記念論文集「企業金融・資本市場の法規制」（商事法務，2020年）。徳本穣「定款変更・組織再編・持分会社ほかの改正課題について」（砂田太士ほか「起業法の改正課題」（法律文化社，2021年）は仮に株式交付を株式交換その他の組織法上の行為と同様であると位置づけるとしても，①議決権の過半数の取得に至らない株式取得でも，場合により正当化される場合もあるのではないか，②常に S 社に外国会社を含めることは許されないとするのは必然とはいえず，場合により外国会社を含めることも許容されるのではないか，と指摘する。

13）他方で，強制移転性があれば，会社法上は組織再編行為とは必ずしも言われていないスクイーズアウト行為についても，組織再編税制の対象内となっている。

14）なお，この二つのアプローチは排他的なものではない。

（3）　何をもって「組織再編に準じた行為」なのか：「強制移転型組織再編行為」とは異なる「集団的権利処理行為」

第一のアプローチが，何をもって組織再編に準じているのかという点である。

株式交付は，株式交換などの強制型組織再編と違って，S社側の株主総会決議を経てS社株式を100％強制移転させてP社がS社株式を取得しているものではない。株式交付は，これらの一定の強制性に特性を有する組織再編行為とは異なる，組織再編に準じた新たな類型である。その一つの説明は，株式交付は，S社株主側の各種の意思表示を集団権利処理で束ねたものであるとして「組織再編に準じたもの」と捉えることが考えられる。以下これを「集団的権利処理型行為」と仮称する。

株式交付における集団的権利処理型行為の属性とは具体的に，①効力発生日の規定があること，②意思表示の瑕疵に関する提訴制限規定等があること，③取得下限の規定があることなどである。価額填補責任についても，引受S社株主の個別取消も，こうした集団権利処理のもとで否定される[15]。これらの特性は，各S社株主とP社とがパラパラ個別に交換を行っている現物出資と異なっている，こうした集団的権利処理型行為の属性を捉えて，株式交

図表4　「組織再編行為」と「組織再編に準じた行為」との区分

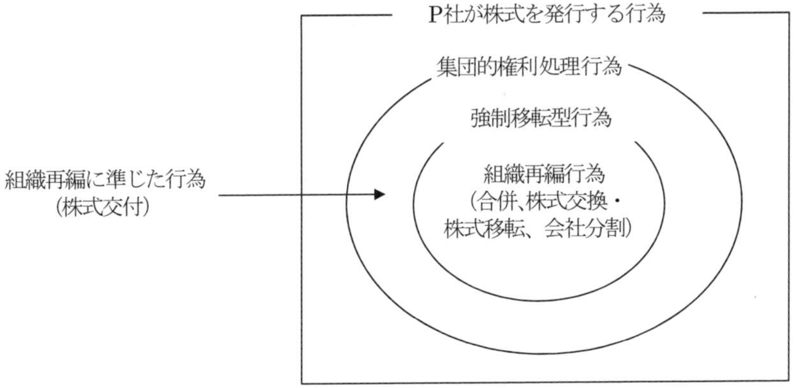

付について，株式交換とは異なる P 社側の状況を捉えて，上記一の規制を
見直すことが考えられる。

　強制移転型組織再編行為は，集団的権利処理型行為の一類型である。強制
移転型の規律は集団的権利処理を行う一つの手法である。

（4）　集団的権利処理行為（組織再編に準じた行為）に対してどこまで募集株式発行の規律を残す必要があるのか

　第二のアプローチが，募集株式発行の世界との比較である。強制移転型組
織再編であれば外れる各種の募集株式発行の規律に対して，組織再編に準じ
た「集団的権利処理行為」について，どこまで現物出資規制等の募集株式発
行の規律を復活させる必要が果たしてあるのかの問いである。この点は純粋
な政策論ではないかと思う。

　P 社株主間の価値移転の問題として捉えられている[16]現行の現物出資規制
について，比率交換型の行為について現行の現物出資規制を適用することは
不合理である。株式交付では（P 社株式の発行規模が小さい簡易の場合を除

---

15)　なお，特に S 社が上場会社である場合に，S 社株主の一定の集団的意思を確認するという制度
　論の議論が一部にある。仮にこういう議論について何か進展等があったとしても，売却の意思を
　示した S 社株主の S 社株式だけが移転する任意の移転行為であるという基本構造に変わりはな
　いので，株式交付の課税繰延の範囲等には影響がないと考えるべきである。

16)　相澤哲編著「立案担当者による新・会社法の解説」（別冊商事法務295号282頁）は以下のよう
　に述べている。①現物出資が行われた場合には，‥会社の責任財産が増加することとなり，もし
　これを過大に計上したとしても，配当拘束のかかる計数の増加が実財産の増加よりも大きいとい
　う意味で，‥二重に債権者にとって有利な状況であることから，会社の費用を用いてまで現物出
　資に係る検査役の調査を行う義務を課すこととするのは，「資本充実による債権者保護」の観点
　からは説明できない。これは，現物出資に対して交付される株式の内容について，金銭出資をし
　て株式の交付を受けた者の株式の内容との間に不均衡が生じることによって発生する株主間の価
　値移転を防止するための予防的な規制であると理解すべきである。②現物出資された財産の価額
　が，出資の対象となる株式の価額及び数を定めるに当たっての基準としての価格に著しく不足す
　る場合に，取締役等が当該差額を支払う義務を負うこととするいわゆる財産価格填補責任につい
　ても，出資がされて責任財産が増加している以上，債権者保護の観点からの説明をすることは困
　難である。会社法においては，検査役の調査制度等により予防しようとしていた株主間の価値移
　転が実際に発生した場合に，これを巻き戻すために引受人に対して追加の出資を行う責任を定め
　るべきであるという理解の下に，その実効性を高めるために現物出資に関する職務を行った取締
　役等に対しても補完的に責任を負わせるものと整理している。

いて）P社株主の総会決議を経ていることを踏まえて，集団的権利処理型行為として，上記Ｖ１の各規律を見直すことが考えられる。集団的権利処理型行為についてまで，強制移転型組織再編と同じように①P社側の総会特別決議＋②P社側の株式買取請求権＋③現金交付の場合のP社側債権者保護手続まで備えないと，現物出資規制や有利発行規制[17]が対象外とならないと考える必要はないのではないか。

　いずれにしても，日本の株対価 M&A 制度が諸外国に比してこれ以上立ち遅れたものとならないよう，政策論として，（上記Ｖ１の各項目の）現行の株式交付制度の見直しは早急に行うべきである。

　株対価 M&A の選択肢は，今後の日本経済の成長戦略として，極めて重要な選択肢の一つである。それを日本だけことさらに利用を制約していることは，日本経済が現在置かれている状況，デジタル化時代の国際競争力の観点から問題である。デジタル時代はただでさえ動きが早いのに，いつまでも制度が変わらないままでは，本当に立ちゆかなくなる。グローバル競争が激化し日本企業の国際競争力が問われているのに，諸外国の企業が普通に活用できている選択肢をなぜ普通に日本企業に使わせないのか。株対価 M&A について日本だけことさらに使えなくする制度的理由や合理性は何らない。

［後注］　本稿は2022年３月時点で執筆したものである。その後，税制面では，

17）有利発行規制に関して，二点補足する。①発行価額の決議がない以上有利発行の規制は及ばないという考え方が令和元年会社法改正の取締役への報酬目的での株式無償発行でも採用された。株式交付のような比率交換型の行為については（P社における一定の情報開示規制を前提にして）有利発行規制を及ぼさない，②有利発行規制についてそもそも近時，総会特別決議を常に求めていること自体が過剰規制であるという議論も出されている。①株対価 M&A（株式の比率交換型取引）についてそもそもいかなる場合に総会決議が必要と考えるべきなのか，②実施される株対価 M&A についてのP社の意義・メリットはP社取締役会において判断することを基本とし，利益相反が懸念される場合にはいわゆる MBO 指針を踏まえた独立性担保措置等で補うこととする，などの点も制度論として出てくる。有利発行に関する議論として，松井秀征「新株有利発行規制に関する一考察」小塚荘一郎＝高橋美加編『（落合誠一先生還暦記念論文集）商事法への展望』371頁，久保田安彦「公開会社の有利発行規制の再検討─利益相反を重視する観点から」久保大作＝久保田安彦＝上田真二＝松中学編『（吉本健一郎先生古稀記念論文集）企業金融・資本市場の法規制』121頁など。

株式交付後にＰ社が同族会社（非同族の同族会社を除く）に該当する場合は，株式交付税制の適用対象外とする（現物出資を行った場合の課税関係となる）旨の税制改正が2023年度になされている。

金融商品取引法制の近時の展開（下）

令和6年6月18日

定価2,200円（本体2,000円＋税10%）

編　集　　金 融 商 品 取 引 法 研 究 会
発行者　　公益財団法人　日本証券経済研究所
　　　　　東京都中央区日本橋 2 -11- 2
　　　　　太陽生命日本橋ビル12階
　　　　　〒103-0027
　　　　　電話　03(6225)2326 代表
　　　　　URL：https://www.jsri.or.jp
印刷所　　昭 和 情 報 プ ロ セ ス 株 式 会 社
　　　　　東京都港区三田 5 -14- 3 　〒108-0073

ISBN978-4-89032-063-9　C3032　￥2000E